AF282675

Die 70er-Bibel (LXX)

Das <u>bessere</u> Alte Testament

Alexander Basnar

Krumau 2024

Bibliografische Information der Deutschen Nationalbibliothek: Die Deutsche Nationalbibliothek verzeichnet diese Publikation in der Deutschen Nationalbibliografie; detaillierte bibliografische Daten sind im Internet über www.dnb.de abrufbar.

Die 70er Bibel (LXX) – Das <u>bessere</u> Alte Testament

@ Alexander Basnar, Krumau am Kamp 2024

https://cgkrumau.blog/

Titelbild: Andrik Langfield, https://unsplash.com

Bibel: Schlachter 2000, Genfer Bibelgesellschaft

Septuaginta-deutsch, Deutsche Bibelgesellschaft 2009

Die Heilige Schrift, Naftali Herz Tur-Sinai, Hänssler-Verlag 1999

Talmud: https://www.sefaria.org/texts

Kirchenvätertexte: https://bkv.unifr.ch/de

Verlag: BoD • Books on Demand GmbH, In de Tarpen 42, 22848 Norderstedt

Druck: Libri Plureos GmbH, Friedensallee 273, 22763 Hamburg

ISBN: 978-3-7583-2739-1

Inhalt

Einleitung

Vor ein paar Jahren habe ich ein dickes Buch unter dem Titel *„Das Christliche Alte Testament – Die Septuaginta: Wiederentdeckung eines verlorenen Schatzes"* herausgebracht.[1] Dahinter steckten rund 10 Jahre intensive Recherche, und natürlich wollte ich das alles in *einem* Buch verpacken und zur Diskussion stellen. Dementsprechend dick ist es geworden (500 Seiten) und auch ziemlich akademisch. Das interessiert zwar durchaus einige „Freaks", die sich so etwas mit Freude antun, aber bei dir wird es wohl nicht ankommen. Das ist schade. Ich sehe dich vor mir als einen begeisterten Bibelleser, der den Herrn Jesus liebt und Ihm so gut es dir gelingt nachfolgen will. Dieser Glaube verbindet uns als Kinder Gottes und macht uns zu Geschwistern. Darum das „informelle" Du. Ich hoffe, es stört dich nicht.

Geht es auch kürzer und einfacher? Jein. Manches ist schon kompliziert und braucht einfach mehr Worte und Erklärungen. Doch auch dieses so komplexe Thema lässt sich zusammenfassen, wie es auch in allen anderen Wissensbereichen notwendig ist, um etwa die Eckpunkte der Physik auch Kindern und Jugendlichen begreiflich zu machen. Und wenn die es verstehen, verstehen es Erwachsene auch.

Die Frage nach dem Text des Alten Testaments ist wichtig genug, dass jeder Christ damit vertraut sein sollte. Im Allgemeinen machen viele ja einen Bogen um die lange Vorgeschichte, die dann zum Herrn Jesus geführt hat. Zu sperrig, zu langatmig, zu blutig, zu schwer zu verstehen … und ist mit dem Neuen Testament das Alte nicht ohnedies veraltet? Ja und nein. Die Apostel haben sich sehr oft auf die Schriften des Moses und der Propheten bezogen, um uns Christus vorzustellen und zu erklären. Wie können wir

---

[1] Erschienen bei Books on Demand, Norderstedt 2020

wissen, wer Er ist, wenn nicht aus diesen so grundlegenden Texten? Es geht also nicht um irgendwelche alten Geschichten, sondern immer um Ihn. Jede Episode der Erzählungen der Patriarchen Abraham, Isaak und Jakob oder die spannende Geschichte vom Auszug aus Ägypten haben direkt und unmittelbar mit Ihm zu tun. Das sieht man vielleicht nicht gleich, dafür müssen uns die Augen geöffnet werden, wie der Auferstandene es bei Seinen Jüngern tat:

„Er aber sagte ihnen: Das sind die Worte, die ich zu euch geredet habe, als ich noch bei euch war, dass alles erfüllt werden muss, was im Gesetz Moses und in den Propheten und den Psalmen von mir geschrieben steht. Da öffnete er ihnen das Verständnis, damit sie die Schriften verstanden, und sprach zu ihnen: So steht es geschrieben, und so musste der Christus leiden und am dritten Tag aus den Toten auferstehen, und in seinem Namen soll Buße und Vergebung der Sünden verkündigt werden unter allen Völkern, beginnend in Jerusalem. Ihr aber seid Zeugen hiervon!" (Lukas 24,44-48).

Wer Jesus liebt, wird das Alte Testament lieben lernen, denn es spricht durchgehend von Ihm und Seinem Königreich.

Die Frage, um die es in diesem Buch geht, lautet: Haben wir das richtige Alte Testament? Oder werden unsere Bibeln von einem mangelhaften Text her übersetzt? Haben wir das ganze Alte Testament, oder fehlen uns wesentliche Bücher? Diese Fragen sollen dich nicht verunsichern. Es gibt Kirchen und Gemeinden, da gibt es diese Frage nicht, weil sie seit Beginn ihres Bestehens die Bibel beibehalten haben, welche auch der Herr Jesus und Seine Apostel, sowie die ersten Christen lasen. Eigentlich die überwiegende Mehrheit! Es ist vor allem ein Problem der protestantischen oder evangelischen Bibeln, die auf einer Textgrundlage beruhen, welche die Pharisäer erst Jahrzehnte nach der Zerstörung des Tempels (70 n.Chr.) und als das Christentum bereits etabliert war, standardisiert haben. Das ist eine aufregende Geschichte, die man selten hört! Sie ist eigentlich sogar ein Skandal!

Ich habe mir vorgenommen, diese Geschichte so knapp wie möglich zusammenzufassen, denn das dicke Buch habe ich ja bereits geschrieben. Das bedeutet, dass ich einiges vereinfachen muss und mich bemühen werde, dich nicht mit allzu langen Zitaten und zu vielen Fußnoten zu ermüden. Es soll spannend sein, es soll eine Freude am Herrn in dir erwecken, es soll Lust auf „mehr" machen und dein Vertrauen in Gottes Wort stärken. Diese Wirkung hatte das Thema auf mich selbst, und diese Begeisterung will ich mit dir teilen.

Wie kam das Alte Testament zustande?

Es gibt kein vergleichbares Buch mit einer so langen Geschichte und so vielen Autoren, die daran beteiligt waren, wie die Bibel, besonders das Alte Testament. Es besteht aus drei großen Kategorien:

- **Das Gesetz:** das sind die fünf Bücher Moses, auch „Thora" (= Weisung) genannt. Hier geht es im ersten Buch _(Genesis)_ um die Erschaffung der Welt, den Sündenfall, die Flut, den Turmbau von Babel und die Geschichte Abrahams und seiner Kinder, und wie die Söhne Jakobs, das Volk Israel, in Ägypten zu Sklaven wurden. Es ist gewissermaßen das „Buch der Anfänge", ohne das wir weder die Welt noch uns selbst verstehen können. Im zweiten Buch _(Exodus = Auszug)_ geht es um den Auszug der Israeliten aus Ägypten. Darin lesen wir von den zehn Plagen, dem Passah, den Durchzug durch das Rote Meer und wie das Volk am Berg Sinai die Zehn Gebote bekam. Es wird uns aber auch erzählt, wie sie sich ein Goldenes Kalb machten und dieses statt Gott anbeteten. Das hat zu einer ziemlichen Katastrophe geführt. Dennoch hat Gott sie durch Brot aus dem Himmel und Wasser aus dem Felsen ernährt und ließ sich ein wunderbares Zelt machen, damit Er selbst mitten unter Seinem Volk wohnen kann. So ging Er den ganzen Weg durch die Wüste mit ihnen. Das dritte Buch heißt _„Leviticus"_ und gilt allgemein als sehr „trockene Lektüre". Es behandelt alle Vorschriften für den Gottesdienst und das Priestertum, sowie viele einzelne Gebote, die das Volk lehren sollte, zwischen rein und unrein, heilig und unheilig zu unterscheiden. Sie sollten ein heiliges Volk werden, das die Sünde und alles Böse meidet und zur Ehre Gottes lebt. Im vierten Buch _(Numeri_ – weil das Volk gezählt wurde) lesen wir jedoch, wie halsstarrig und rebellisch sich Gottes Volk gegenüber seinem Befreier, der sie aus Ägypten geführt hat, verhielt. Da kamen sie zur Grenze des verheißenen Landes, in dem Milch und Honig fließen würde, und sie sandten Kundschafter aus, um es auszuspionieren. Diese kamen einerseits begeistert zurück – das Land war wirklich sehr gut! – aber auch entmutigt: *„Die Leute, die dort wohnen, sind viel zu stark. Das schaffen wir nie, gehen wir zurück nach Ägypten!"* Dieses Murren empfand Gott als Ausdruck von Unglauben und Undankbarkeit, wo Er doch schon so viel für sie getan hatte! Er ließ sie deshalb 40 Jahre in der Wüste umherziehen, bis eine neue Generation herangewachsen war. Im fünften Buch *(Deuteronomium = das zweite Gesetz)* sind diese 40 Jahre vorbei, und das Volk steht abermals an der Grenze des verheißenen Landes. Moses hält eine sehr lange Rede und wiederholt die Eckpunkte des Gesetzes für die neue Generation. Darin finden wir auch das größte Gebot, das unser Herr Jesus immer wieder zitiert hat: *„Und du sollst den Herrn, deinen Gott, aus deinem ganzen Denken und aus deiner ganzen Seele und aus deiner ganzen Kraft heraus lieben."* (Deuteronomium 6,4). Im darauffolgenden Buch wird berichtet, wie Moses' Nachfolger *Josua* das Volk über den Jordan ins Land bringt, es erobert und an die 12 Stämme verteilt. Josua – das ist ganz spannend! – ist derselbe Name wie Jesus, nur auf hebräisch. Liest man die griechische Bibel, welche die frühen Christen lasen, steht dort immer der Name Jesus. Man kann (und soll) das Buch daher auch geistlich lesen, indem man den Parallelen zu unserer Erlösung in Christus nachspürt.

- **Die Propheten:** Das sind vor allem die Texte von 16 berufenen Männern, denen Gott den Auftrag gab, Sein Volk Israel immer wieder zu ermahnen, sich an das Gesetz zu halten. Das haben sie meistens nicht gerne gehört, und viele Propheten wurden vom eigenen Volk verfolgt und getötet. Die Propheten haben auch einige der Geschichtsbücher im Alten Testament geschrieben (die Königsbücher und die Chroniken), und dabei auch einen geistlich geschärften Blick auf die Ereignisse geworfen. Diesen Männern zeigte Gott auch, was sich in der Zukunft ereignen sollte, weltgeschichtlich, aber auch vor allem, was den Erlöser, den verheißenen Messias (Christus) betrifft. Eng damit verbunden ist die Ankündigung des Königreiches Gottes, welches im Neuen Testament dann ganz deutlich verkündigt wird. Es sind buchstäblich hunderte Prophezeiungen, von denen die meisten bereits eingetroffen sind. Auf manches – nämlich die Vollendung und Wiederherstellung aller Dinge (Apostelgeschichte 3,21) – dürfen wir noch gespannt warten.

- **Die übrigen Schriften:** Dann gibt es noch weitere Geschichtsbücher und Weisheitsliteratur. Gott war es wichtig, in der Bibel die ganze Geschichte des Volkes bis zur Ankunft des Messias festzuhalten. Hier gibt es übrigens ein Problem in den protestantischen Bibeln, denn diese enden mit dem Propheten Maleachi, der um 400 v.Chr. lebte. Es wird behauptet, Gott hätte diese 400 Jahre vor Christus durchgehend geschwiegen, aber das stimmt nicht, wie wir noch sehen werden. Die Weisheitsbücher sind das vertiefende Nachdenken geistlich gesinnter (hauptsächlich) Männer über das Gesetz. Dabei geht es darum, wie man dieses im Alltag anwenden soll, was der tiefere Sinn darin sei, wie man ausgewogen bleibt und den Fokus auf die Gottesfurcht und die Liebe zum Wort Gottes nicht verliert. Dazu gehören u.a. die Psalmen, viele Spruchweisheiten und das berührende, nachdenkliche und erstaunliche Buch Hiob.

Es ist wichtig, diese drei Teile des Alten Testaments zu unterscheiden, denn sie haben eine innere Hierarchie. Der Grundstein ist das Gesetz des Moses, diese fünf Bücher sind die wichtigsten. Man darf ihnen nichts hinzufügen und auch nichts von ihnen wegnehmen (Deuteronomium 13,1). Warum wurden dann noch andere Bücher geschrieben? Diese fügen dem Gesetz jedoch nichts hinzu! Die Propheten sollen zum Gesetz *zurückführen* (und auf den Messias vorbereiten – das tut das Gesetz übrigens auch)! Und die übrigen Schriften *vertiefen* das Gesetz, indem sie anhand der Geschichte zeigen, wie sich Gehorsam und Ungehorsam auswirken, oder in der Weisheitsliteratur entfalten, wie man das Gesetz richtig und ausgewogen lebt.

Die Juden nennen das Alte Testament *„Tanakh"*, nach den Konsonanten T, N und K. T steht für die *Thora* (das Gesetz), N für *Nevi'im* (Propheten) und K für *Ketuvim* (Schriften, also die übrigen Texte). Diese dreifache Gliederung war allgemein anerkannt, und – wie in der Einleitung zitiert – legte der Herr Jesus Seinen Jüngern alles aus dem Gesetz, den Propheten und den Schriften aus, was Ihn betrifft (Lukas 24,44-48).

Moses lebte ungefähr 1500 Jahre v.Chr., und im Buch Genesis griff er auf noch ältere Quellen zurück, die von Abraham und Noah und aus der Zeit vor der Flut teils schriftlich, teils mündlich überliefert worden sind.[2] Diese alten Quellen sammelte er und fasste sie in diesem ersten Buch der Thora zusammen. Der Rest der Thora umfasst 40 Jahre. Immer wieder schrieb er daran und nach seinem Tod hat Josua oder einer der Priester die Thora in fünf Schriftrollen zusammengetragen und fertiggestellt.

Im Lauf der Jahrhunderte kamen die anderen Bücher nach und nach hinzu, und es war nie absehbar, ab wann eine Schrift zur „Bibel" gehört oder nicht. Wann wusste man, ob ein Prophet tatsächlich ein Prophet war? Es

---

[2] Das wird sehr gut erklärt in dem Buch *„Die Entstehung der Genesis"* von P.J. Wiseman: SCM R. Brockhaus; 5., Aufl. Edition (1. Januar 1989).

gab ja so viele, und darunter waren viele falsche Propheten! Gott gab ein wichtiges Kriterium zur Unterscheidung:

„Jedoch der Prophet, der so gottlos ist, in meinem Namen ein Wort zu sprechen, das zu sprechen ich nicht aufgetragen habe, oder der im Namen anderer Götter spricht, jener Prophet soll sterben. Wenn du aber in deinem Herzen sagst: ›Wie sollen wir das Wort erkennen, das der Herr nicht gesprochen hat?‹ Was immer der Prophet im Namen des Herrn gesprochen hat, und das Wort geschieht nicht und trifft nicht ein: Dies ist das Wort, das der Herr nicht gesprochen hat; in Gottlosigkeit hat jener Prophet gesprochen, ihr sollt ihn nicht verschonen." (Deuteronomium 18,20-22).

Die erste Frage ist also, ob der Prophet den einen wahren Gott verkündigt oder zum Götzendienst verleitet. Das kann man relativ schnell beurteilen. Das andere aber betrifft prophetische Voraussagen. Diese kann man erst beurteilen, wenn sie eingetroffen sind, zumindest die kurzfristigeren (manches liegt noch immer in der Zukunft, wenn vom „Ende der Tage" die Rede ist). Darum dauerte es, bis die Texte der Propheten anerkannt waren und sich verbreiteten. Wie gesagt, waren die Propheten anfangs oft gar nicht beliebt, wurden offen abgelehnt und verfolgt. Diese Propheten lebten in der Regel in Gemeinschaft mit „Prophetenjüngern". Das ist vielen nicht bewusst, obwohl man da und dort in der Bibel davon liest. Mir fiel es erst auf als ich in Jerusalem am Ölberg das Grab der Propheten Haggai, Sacharja und Maleachi besichtigte. Das waren nicht nur drei Gräber, sondern eine Grabhöhle mit gut zwei Dutzend Gräbern! Der Führer erklärte mir, dass die anderen die Gräber der „Prophetenjünger" waren. Da wurde mir einiges klarer!

Beim Propheten Jesaja fällt zum Beispiel auf, dass manche Passagen in der ich-Form geschrieben sind (z.Bsp. Jesaja 6) und andere in der dritten Person (z.Bsp. Jesaja 7). Warum das? Weil Jesaja nicht alles selbst geschrieben hat.

In Kapitel 6 beschreibt er seine Berufung am Ende der Regierungszeit von König Ozias, im Kapitel 7 erzählt ein anderer eine Begebenheit im Leben Jesajas zur Zeit des Königs Achaz, der ein Enkel von Ozias war. Dazwischen lagen mehrere lange Jahre! Jesaja hat kein Tagebuch geführt, sondern er und seine Schüler haben dann und wann etwas niedergeschrieben, wenn der Herr sich offenbart hat oder sich etwas Besonderes ereignete. Erst nach seinem Tod wurden die Aufzeichnungen gesammelt und in einer Schriftrolle vereinigt. In dem Maß, wie er schließlich als Prophet anerkannt war, wurde seine Schriftrolle zu den Texten der Propheten gerechnet.

Beim Propheten Jeremia gibt es zwei unterschiedliche Fassungen. Die Fassung der Bibel der ersten Christen ist kürzer und anders angeordnet als in der gängigen hebräischen Bibel, der die protestantischen Übersetzungen folgen. Das verwirrt viele, ist aber nachvollziehbar, wenn man sich vor Augen hält, wie aus einzelnen „Notizzetteln" der Propheten dann ganze Schriftrollen wurden. Das macht die eine nicht richtiger als die andere, es sind lediglich zwei verschiedene Sammlungen oder verschiedene Stadien des Sammelns.

So könnte man jetzt jedes Buch für sich betrachten, aber ich habe „Kürze" und „Würze" versprochen. Die Vorstellung fällt uns schwer, dass die Bibel ursprünglich eine Sammlung einzelner Schriftrollen war, die erst über Jahrhunderte hinweg wuchs und zusammengetragen wurde. Wir sind mit einer Bibel vertraut, in der alle Texte zwischen zwei Buchdeckeln fest verbunden sind. Also müssen wir etwas umdenken.

Das erste Zeugnis dieses Sammelns und Zusammentragens der biblischen Bücher lesen wir in einem der Bücher, welches in den evangelischen Bibeln üblicherweise fehlt: Im 2. Buch der Makkabäer aus dem 2. Jhdt. v. Chr.:

„Es wurde aber dasselbe auch in den Aufzeichnungen und in den Denkschriften zu Nehemias erklärt, und auch, wie er eine Bibliothek gründete: Er sammelte die

Bücher über die Könige und über die Propheten, die Bücher Davids und Briefe der Könige über Weihgeschenke.[3]

Ebenso aber sammelte auch Judas alle Schriften, die wegen des Kriegsgeschehens zerstreut worden waren, für uns, und sie sind bei uns. Wenn Ihr nun Bedarf danach habt, so sendet Leute, die sie Euch bringen können." (2. Makkabäer 2,13-15).

Nehemia, der das Volk nach der Rückkehr aus dem babylonischen Exil anführte, legte als erster eine Bibliothek an, in der er alle heiligen Schriften sammelte. Das Gesetz des Moses war stets im Tempel vorhanden. Die übrigen Texte wurden aber nun, Ende des 6. Jahrhunderts vor Christus, in einer Bibliothek zugänglich gemacht.

Später ist etwas passiert, mit dem wir uns noch beschäftigen werden: Unter der Herrschaft der Griechen kam es zu einem Aufstand der Juden, da Antiochos IV. den Tempel entweihte, den Götzendienst einführte und alle Menschen zum griechischen Lebensstil nötigen wollte. Er ließ auch massenhaft die Heiligen Schriften verbrennen. Aber Gott half Seinem Volk auf wunderbare Weise, und sie besiegten die Griechen, sodass sie den Tempel wieder einweihen konnten und für eine Zeit die Unabhängigkeit erlangten.[4] Aufgrund dieser Wirren war es nötig, dass Judas (genannt „der Makkabäer" = „der Hammer") die zerstreuten Schriften wieder sammelte. Zwischen Nehemia und den Makkabäern liegen etwas über 350 Jahre, in denen noch mehr Texte verfasst wurden. Die zweite Sammlung war also umfangreicher als die erste.

---

[3] Die Aufzeichnungen über die Weihegeschenke wurden auch gesammelt, haben aber nichts mit der Bibel zu tun; die Bibliothek hatte mehrere Zwecke als nur die Sammlung heiliger Schriften.

[4] Das feiern die Juden noch heute jedes Jahr im Chanukkafest; auch in den Evangelien wird dieses Fest erwähnt (Johannes 10,22).

Dieses Zitat aus 2. Makkabäer ist ein Auszug aus einem Brief an die Juden in Alexandria, damit auch sie die Gelegenheit bekommen, diese Texte anzufordern und zu übersetzen, denn damals waren sie mittendrin, die hebräischen Texte des Alten Testaments ins Griechische zu übersetzen.

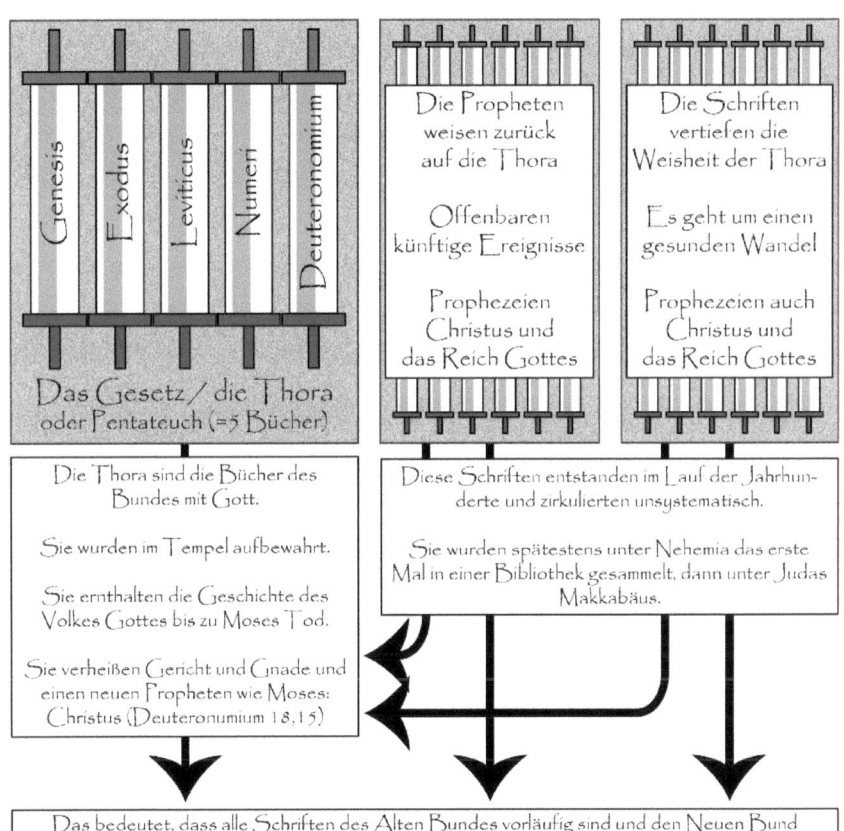

Verlust von Schrift und Sprache

Bücher haben keinen Wert, wenn keiner sie lesen kann. Die Erfindung der Schrift gehört daher zu den größten Kulturleistungen der Menschheit. Anfangs war dies jedoch geradezu ein „Geheimwissen", denn es wurde zuerst eine Bilderschrift entwickelt, die in Sumer dann zu einer komplizierten Silbenschrift wurde (die Keilschrift). In China wird heute noch eine Bilderschrift verwendet, die zigtausende Zeichen umfasst, von denen der durchschnittliche Chinese nur einen Bruchteil erkennt. In Ägypten entwickelte man die Hieroglyphen (d.h. „heilige Zeichen"), die schwer zu zeichnen waren und nur von wenigen gelesen werden konnten. So waren es meist nur die Priester und Könige und deren Beamten, die diese beherrschten; die Schrift wurde so auch zu einem Machtinstrument.

Darum ist die Entwicklung des Alphabets so bemerkenswert. Und wer hat dieses wo zuerst erfunden? Es wurde aus einzelnen ägyptischen Hieroglyphen entwickelt, die man vereinfachte und einzelnen Lauten zuordnete. Die älteste Alphabetschrift findet man in den Türkisminen auf der Sinaihalbinsel, wo israelische Sklaven arbeiteten. Es weist tatsächlich viel darauf hin, dass das erste Alphabet eine jüdische Erfindung war.[5]

Mit einem Alphabet aus 22 Zeichen war es sehr viel einfacher, einem ganzen Volk lesen und schreiben beizubringen, sodass die schriftliche Offenbarung Gottes durch Moses und dann die Propheten und die Weisheitslehrer im Volk Gottes weite Verbreitung finden konnte. Natürlich hatte nicht jeder die Schriftrollen daheim bei sich, da sie alle von Hand geschrieben und daher teuer waren. Zum Lesen und Hören kam man daher regelmäßig zusammen, und es war die Aufgabe der Priester und Leviten, dem Volk Gottes Wort beizubringen. Später wurde in den Synagogen zumin-

---

[5] Das wird ausführlich im Dokumentarfim „Patterns of Evidence – Die Moses Kontroverse" von Tim Mahoney (2019) ausgeführt, wo sich viele Fachleute zu dieser These äußern.

dest jedem jüdischen Mann das Lesen der Thora beigebracht. Bis heute gehört es zur Bar Mitzwa[6] Feier (bei Mädchen Bat Mitzwa) dazu, dass sie im Gottesdienst selbst einen Abschnitt aus Gottes Wort vorlesen müssen. Die Kenntnis der Schrift war also von Beginn an tief im Volk Gottes verwurzelt.

Allerdings passierte etwas sehr Schlimmes. Aufgrund des fortgesetzten Ungehorsams und Götzendienstes, ließ Gott es zu, dass zuerst die Assyrer und schließlich die Babylonier kamen, die Städte verwüsteten und die Bevölkerung verschleppten. Der König Nebukadnezar zerstörte sogar den Tempel in Jerusalem. 70 Jahre sollten die Israeliten in der babylonischen Gefangenschaft verbringen, bis sie – nachdem sie zur Einsicht und Reue gekommen – in ihr Heimatland zurückkehren durften.

Was geschah mit der Thora, als der Tempel zerstört wurde? Dazu wird uns folgendes berichtet:

„Man findet auch in den Urkunden, der Prophet Jeremias habe den Nachgeborenen aufgetragen, etwas von dem Feuer mitzunehmen, so wie es oben bezeichnet worden ist, und der Prophet habe den Nachgeborenen, als er ihnen das Gesetz gab, aufgetragen, die Gebote des Herrn nicht zu vergessen und in ihrer Einstellung nicht abzuirren, wenn sie goldene und silberne Kultbilder und den sie umgebenden Schmuck sähen. Und mit noch mehr Worten dieser Art forderte er sie auf, das Gesetz nicht ihrem Herzen zu entfremden.

In der genannten Schrift aber stand auch, der Prophet habe aufgrund einer göttlichen Eingebung aufgetragen, dass ihm Zelt und Bundeslade folgen sollten, und er sei hinausgegangen auf den Berg, auf den Moses gestiegen war und das Erbteil Gottes erblickt hatte. Angekommen fand Jeremias ein höhlenartiges Haus, trug dort das Zelt, die Lade und den Opferaltar für das Rauchopfer hinein und

---

[6] So etwas wie die jüdische Konfirmation

verschloss die Tür. Manche von denen, die ihm gefolgt waren, gingen hin, um den Weg zu markieren, konnten ihn jedoch nicht finden.

Als Jeremias[7] dies erkannte, tadelte er sie und sprach: Dieser Ort wird auch unbekannt bleiben, bis Gott das Volk wieder versammelt hat und Gnade walten lässt; und dann wird der Herr diese Dinge aufzeigen, und die Herrlichkeit des Herrn wird sichtbar sein und die Wolke, wie sie sich zur Zeit des Moses zeigte und wie dies auch Salomon erbeten hat, damit die Stätte groß geheiligt würde." (2. Makkabäer 2,1-8).

Der Prophet Jeremia trug dafür Sorge, dass das Wichtigste im Tempel, nämlich

- das heilige Feuer, mit dem das Opfer ursprünglich von Gott selbst entzündet wurde (Leviticus 9,24),
- die Lade des Bundes, in der die Steintafeln mit den 10 Geboten aufbewahrt wurden,
- und das Buch des Gesetzes

bewahrt blieben und nicht der Zerstörung anheimfielen. Es macht keinen Sinn, die Bundeslade suchen zu wollen, denn Gott will sie nicht eher offenbaren, als bis Er alles unter dem Messias Jesus Christus wieder herstellen will. Sie ist jedenfalls gewiss nicht dort, wo Indiana Jones oder andere Schatzjäger sie suchen.

Bewahrt blieb auch die Thora, die Jeremia den in Gefangenschaft geratenen Israeliten zukommen ließ mit der Ermahnung, diese auch zu befolgen. Als Esra (bzw. Esdras) nach der Gefangenschaft mit der ersten Gruppe an Heimkehrern nach Jerusalem zurückkehrte, um den Tempel wieder aufzu-

---

[7] Jeremias ist die griechische Schreibweise von Jeremia. Im Griechischen wird allen männlichen Namen ein S angehängt, darum ist der Name Yeshua auf Griechisch Iesous (Jesus). Den SCH-Laut gibt es im Griechischen auch nicht, der wird zu einem S.

bauen, nahm er die Thora mit sich zurück an den Ort, wo sie hingehört. Es ist zwar nicht gesichert, dass es dieselben Schriftrollen waren, die Jeremia vor der Zerstörung gerettet hatte, aber sehr naheliegend.

Wenn man 70 Jahre in einem fremden Land lebt, geschieht etwas: Man übernimmt die Sprache dieses Landes. Im babylonischen Reich war die Verkehrs- und Amtssprache Aramäisch, diese ist dem Hebräischen zwar eng verwandt, aber doch unterschiedlich genug, um Verständnisprobleme zu schaffen. Schweizerdeutsch ist dem österreichischen Hochdeutsch zwar verwandt, aber man versteht es schlecht. Holländisch steht unserer Sprache auch sehr nahe, ist aber noch unverständlicher. So erging es auch den Israeliten mit der Sprache ihrer Bedrücker. Nicht nur das: Aramäisch wurde auch in einer anderen Schrift geschrieben. Die Israeliten verlernten in diesen 70 Jahren zu einem großen Teil ihre hebräische Muttersprache und ihre althebräische Schrift.

Als Esra in Jerusalem dem ganzen Volk die Thora vorlas, musste sie für die Zuhörer sorgfältig erklärt (wahrscheinlich übersetzt) werden:

*„Und sie lasen vor aus dem Buche des Gottesgesetzes und Esdras lehrte **und erläuterte es genau** aus seiner Kenntnis des Herrn, und das Volk war voll Verständnis bei der Lesung."* (2. Esdras 18,8).[8]

Was zuerst nur mündliche Praxis war, wurde später schriftlich: Man begann, die Schrift in die aramäische Sprache zu übersetzen. So fand man in den Höhlen von Qumran auch aramäische Schriftrollen (Targume), die aus dem 2. Jahrhundert vor Christus stammen. Als unser Herr Jesus gekreuzigt wurde, betete Er den Psalm *„Mein Gott, mein Gott, warum hast du mich*

---

[8] Im griechischen Alten Testament werden die Bücher Esra und Nehemia im Buch 2. Esdras zusammengefasst. Die ersten 10 Kapitel sind Esra, die übrigen Nehemia.

verlassen?" in der aramäischen Fassung: *„Eli, Eli, lama sabachthani?"* (Matthäus 27,46).

Da die Juden nach der babylonischen Gefangenschaft auch eine andere Schrift gewöhnt waren, mussten die Schriftrollen nach und nach umgeschrieben werden. Meine erste Bibel war eine Luther Bibel in der altdeutschen Frakturschrift (Gotisch), die ich noch sehr gut und flüssig lesen kann, aber meine Kinder schon nicht mehr. Sie plagen sich unter anderem damit, dass etwa ſ (f) und ſ (s) einander zum Verwechseln ähnlich sehen. Die althebräische Schrift ist der phönizischen und später griechischen Schrift ziemlich ähnlich:[9]

ḥēt	zayin	wāw	hē	dālet	gīml	bēt	ʾālep
ḥ	z	w	h	d	g	b	ʾ
[ħ]	[z]	[w]	[h]	[d]	[g]	[b]	[ʔ]
8	7	6	5	4	3	2	1

ʿayin	sāmek	nūn	mēm	lāmed	kāp	yōd	ṭēt
ʿ	s	n	m	l	k	y	ṭ
[ʕ]	[s]	[n]	[m]	[l]	[k]	[j]	[tˤ]
70	60	50	40	30	20	10	9

tāw	šīn	rēš	qōp	ṣādē	pē
t	š	r	q	ṣ	p
[t]	[ʃ]	[r]	[q]	[sˤ]	[p]
400	300	200	100	90	80

---

[9] https://www.omniglot.com/writing/paleohebrew.htm

Das schaut nicht gerade hebräisch aus, aber genau das ist es. Was wir als hebräisch kennen, kommt aus der aramäischen Schrift, welche die Israeliten aus Babylon mitgebracht haben.

Man kann sich vorstellen, dass das Übertragen von einer Schriftart in die andere schwierig ist, besonders wenn die Vorlage etwas schlampig geschrieben wurde. Bet (2), Dalet (4) und Resch (200) konnten relativ leicht verwechselt werden. Da es keine Zahlen gab, sondern Zahlenwerte mit Buchstaben dargestellt wurden, konnte es zu Unstimmigkeiten in Altersangaben, Chronologien, Mannstärken von Heeren und anderem kommen. Es war daher sehr große Sorgfalt nötig, die Schriftrollen an die neue Schreibweise anzugleichen.

Und so sah die neue „hebräische" Schrift dann aus:[10]

1	2	3	4	5	6	7	8	9	10	11
א	ב	ג	ד	ה	ו	ז	ח	ט	י	כ ך
1	2	3	4	5	6	7	8	9	10	20
(a)	B	G	D	H	W	S	Ch	T	J	K
Aleph	Beth	Gimel	Daleth	He	Waw	Zajin	Chet	Tet	Jod	Kaph

12	13	14	15	16	17	18	19	20	21	22
ל	ם מ	ן נ	ס	ע	ף פ	ץ צ	ק	ר	שׁ	ת
30	40	50	60	70	80	90	100	200	300	400
L	M	N	S	(o)	P	Z	Q	R	Sch	T
Lamed	Mem	Nun	Samech	Ajin	Pe	Tzade	Qoph	Resch	Schin	Taw

Nun ist diese Schrift noch verwechslungsanfälliger, denn Dalet und Resch lassen sich kaum unterscheiden, Chet, He und Taw sind auch äußerst ähnlich. Waw und Zajin kann man auch leicht vertauschen. Es braucht nur die Tinte leicht zu verrinnen, oder ein Strich etwas zu lang oder zu kurz gezogen werden, und es kann zu Unsicherheiten führen. Tatsächlich sind es oft solche Buchstabenunsicherheiten, die den Unterschied zwischen dem heutigen hebräischen Text und der griechischen Übersetzung aus-

---

[10] https://menora-bibel.jimdofree.com/fakten-zur-bibel/alphabete/

machen. Doch letztere wurde von den viel besser lesbaren althebräischen Rollen gemacht!

Was noch erschwerend hinzu kam, waren die vielen Mischehen, welche die Sprachkenntnisse im Volk zusätzlich gefährdeten. So berichtet Nehemia besorgt:

„Auch wandte ich in jenen Tagen meine Aufmerksamkeit den Judäern zu, die Frauen geheiratet hatten aus Aschdod, Amman und Moab, und ihre Söhne sprachen zur Hälfte Aschdodisch, und es gab unter diesen keine mehr, die es verstanden, Judäisch zu sprechen." (2. Esdras 23,23-24).

Aber so ist es: Sprachen ändern sich, Sprachkenntnisse ändern sich – wie kann man dann an einer Form des Wortes Gottes festhalten, die zwar ursprünglich ist, aber keiner mehr versteht? Jedes Buch friert den Inhalt in der Sprachform ein, die zur Zeit der Abfassung gegolten hat. Wenn Kulturen oder Völker ihre Sprachen verlieren, weil eine andere Kultur Politik, Handel und Bildung zu dominieren beginnt, dann werden ganze Bibliotheken dem Wissen und der Erinnerung entzogen. Darum muss man darauf reagieren, um die Bücher lebendig zu halten.

Den Rabbinern ist all das noch in Erinnerung, und so lesen wir im Talmud:

„Mar Zutra (nach anderen Mar Ukba), sagte: „Ursprünglich wurde die Thora Israel in hebräischen Schriftzeichen und in der hebräischen Sprache gegeben; dann wurde sie Israel zur Zeit Esras in assyrischen Schriftzeichen und in der aramäischen Sprache gegeben; schließlich wurden die assyrischen Schriftzeichen und die hebräische Sprache für Israel ausgewählt, und die hebräischen Schriftzeichen und die aramäische Sprache wurden den Hedyotim (gewöhnliche Klasse) überlassen."

Wer ist mit Hedyotim gemeint? R. Chisda sagte: „Die Samaritaner."" (Sanhedrin 2:15).[11]

Tatsächlich hat die kleine samaritanische Religionsgemeinschaft bis heute die althebräische Schrift beibehalten für ihre Fassung der Thora.

---

[11] Ein Yaakov (Glick Edition), Sanhedrin 2:15, Samuel Hirsch Glick, New York 1916-1921; übersetzt mit DeepL.com

Die Kulturnation
und die Hinterwäldler

War es schon eine veritable Krise für die Bibel und deren Verständnis, als die Israeliten nach der babylonischen Gefangenschaft heimkehrten, sollte es noch schlimmer werden. Denn einerseits blieben die allermeisten Juden in der Zerstreuung und kehrten nicht zurück ins Land ihrer Väter. Das verwundert uns vielleicht, aber wären wir mitgezogen, nachdem wir es uns in der Fremde gut eingerichtet haben? Hätten wir es auf uns genommen, alles wieder aufzugeben und in einem zerstörten Land von neuem zu beginnen? Doch zum anderen änderten sich die politischen Machtverhältnisse erneut. Nachdem die Perser die Babylonier besiegt hatten und den Israeliten die Rückkehr gestatteten, waren sie die Weltmacht ihrer Zeit. Doch wenige hundert Jahre später, 333 v.Chr. besiegte Alexander der Große bei Issos den Perserkönig und sein Heer. Eine neue Ära brach an: der Hellenismus (das Griechentum). So erzählt es uns das 1. Buch der Makkabäer:

„Und es geschah, nachdem Alexander, der Sohn des Philippos, der Makedonier, aus dem Land Chettiim herangezogen war, und Dareios, den König der Perser und Meder, geschlagen hatte, da wurde er, der vorher schon über Griechenland geherrscht hatte, statt seiner König.

Und er führte zahlreiche Kriege, eroberte Festungen und tötete die Könige der Erde. Und er zog weiter bis zu den Enden der Erde und machte Beute bei vielen Völkern, und die Erde wurde still vor ihm. Und er wurde stolz und sein Herz hochmütig. Und er stellte ein gewaltiges Heer zusammen und wurde Herrscher über die Länder von Völkern und Fürsten, und sie wurden ihm tributpflichtig. Dann aber wurde er bettlägerig und merkte, dass er sterben werde." (1. Makkabäer 1,1-5).

Woran Alexander starb, ist bis heute ungeklärt. Während oft davon die Rede ist, er starb an einem Mückenstich (infolge einer dadurch übertragenen Krankheit), gehen andere von einer schweren Alkoholvergiftung aus. Alten Gerüchten zufolge wurde er gar vergiftet. Er starb jedenfalls sehr jung, im Alter von 33 Jahren. Das Reich teilten sich seine vier wichtigsten Generäle (die Diadochen).

„Und er rief seine Offiziere, angesehene Leute und von Jugend auf mit ihm vertraut, und teilte sein Königreich unter ihnen auf, während er noch lebte. Und Alexander hatte zwölf Jahre als König geherrscht, als er starb. Und seine Offiziere übernahmen die Herrschaft, ein jeder an seinem Ort. Und nachdem er gestorben war, legten sie alle Diademe an, und auch ihre Nachkommen viele Jahre lang, und sie erfüllten die Erde mit schlimmen Taten." (1. Makkabäer 1,6-9).

Was waren diese „schlimmen Taten"? Alexander lag es besonders am Herzen, „zivilisatorisch" zu wirken. Er wollte nicht nur viele Länder und Völker erobern, er wollte sie auch griechisch machen. Das brachte einen großen kulturellen Druck auf die Juden, der sich unter Alexanders Nachfolgern noch steigern sollte. Rasch setzte sich Griechisch als neue Amts- und Verkehrssprache im Reich durch, und während die Juden in Israel noch einen gewissen Autonomiestatus hatten und weiterhin zwischen hebräisch und aramäisch schwankten, traf die Juden in der Zerstreuung (Diaspora) der neue Zeitgeist mit voller Wucht. Wenige Jahrzehnte nach den Siegeszügen Alexanders waren sie der hebräischen Sprache fast nicht mehr mächtig.

Wie die Hellenisierung sich auf die Juden und ihren Glauben auswirkte, lässt uns verstehen, warum fromme Juden ein Problem damit hatten:

„Darüber hinaus versprach er [der jüdische Hohepriester Jason][12], noch einmal 150 Talente zu überweisen, sofern ihm zusätzlich gewährt würde, in eigener Kompetenz ein Gymnasion[13] und eine Ephebie[14] einzurichten und die Jerusalemer als Antiochener in Bürgerlisten aufzuschreiben. Als der König dem zugestimmt hatte, bemächtigte Jason sich des Amtes des Hohenpriesters und formte dann sogleich seine Stammesgenossen nach griechischer Weise um.

Die bestehenden königlichen Privilegien für die Juden, die sie durch Johannes, den Vater des Eupolemos, der später die Gesandtschaftsreise wegen Freundschaft und Bündnis zu den Römern unternehmen sollte, erhalten hatten, überging er, hob die gesetzlichen Verfassungen auf und führte neue widergesetzliche Gebräuche ein. Mit Vergnügen richtete er genau unterhalb der Akropolis ein Gymnasion ein, beorderte die kräftigsten Epheben dorthin und brachte sie unter den Petasos-Hut.[15]

Es entstand auf diese Weise ein Höhepunkt des Griechentums und ein Zulauf zur Fremdstämmigkeit durch die alles übertreffende Verruchtheit des gottlosen, mitnichten als Hohepriester wirkenden Jason, sodass die Priester nicht mehr zum Dienst am Altar bereit waren, sondern den Tempel verachteten, die Opfer vernachlässigten und sich vielmehr darum bemühten, an der gesetzwidrigen Ölverteilung[16] in der Palaistra[17] teilzunehmen, wenn der Diskos[18] dazu rief. Und

---

[12] Bemerkenswert ist, dass der jüdische Hohepriester bereits einen griechischen Namen trug.

[13] D.i. eine Einrichtung, die auf griechische Bildung und Sport abzielte, wobei nackt trainiert wurde (gymnos = nackt), wobei sich die Juden ihrer Beschneidung zu schämen begannen und sich künstliche Vorhäute machen ließen (1. Makkabäer 1,15).

[14] Ephebien dienten der militärischen und politischen Ausbildung junger Männer, die dabei von einem älteren Mentor unterwiesen wurden.

[15] Dieser breitkrempige Hut gehört zur Tracht der Epheben und machte sie sogleich öffentlich sichtbar.

[16] Die Körper der Athleten wurden mit Öl glänzend gemacht.

[17] Der Ort, wo die Ringkämpfe ausgetragen wurden.

[18] Wann immer ein Diskosbewerb ausgerufen wurde, d.h. das Werfen der Wurfscheibe (Diskos).

die von den Vätern ererbten Ehren achteten sie für nichts, die griechischen Auszeichnungen hingegen hielten sie für die schönsten.

Um dieser Dinge willen gerieten sie in eine schlimme Lage, und die, deren Lebensart sie nacheiferten und denen sie in allen Stücken gleichkommen wollten, wurden ihnen zu Feinden und Rächern. Gegen die göttlichen Gebote zu freveln ist nämlich nichts Geringes; aber dies wird die nachfolgende Zeit offenbaren." (2. Makkabäer 4,9-17).

Die Sportbewerbe zogen alle in ihren Bann, wie auch heute die Olympischen Spiele oder der Fußball; die griechische Bildung führte einen jungen Mann in die Kreise der Eliten. Was sollen da noch die alten und überholten Regeln der Vorväter?

„In jenen Tagen traten Leute in Israel auf, die sich gegen das Gesetz stellten, und sie überredeten viele, indem sie sagten: Wir wollen hingehen und mit den Völkern um uns herum ein Bündnis schließen, denn seitdem wir uns von ihnen absonderten, ist viel Unheil über uns gekommen. Die Rede fand Gefallen in ihren Augen." (1. Makkabäer 1,11-12).

Das Volk Gottes ist am Zerbrechen! Der alte Glaube fasziniert nicht mehr, die Wunder Gottes werden vergessen. Wer war David? Herkules, das ist ein Held! Wer war Salomo? Sokrates, das ist ein Weiser! Haben die Griechen nicht allen bewiesen, dass sie jedem überlegen und würdig der Weltherrschaft sind? War Moses nicht ein Hinterwäldler? Endlich sind wir in der neuen Ära angekommen! Wer etwas auf sich hielt, gab sich einen griechischen Namen und redete nur mehr griechisch. Nicht nur in der Diaspora, auch in Judäa.

Die Griechen gingen mit der Hellenisierung nicht immer zimperlich vor. Folgendes trug sich in Alexandria (Ägypten) zu:

„Er [Ptolemaios IV. Philopator, 245-204 v.Chr.] beabsichtigte, öffentlich einen Vorwurf gegen das Volk zu verbreiten; er ließ eine Stele am Turm des Palastes errichten und eine Schrift einmeißeln:

Niemand von denen, die nicht opfern, dürfe in ihre Heiligtümer hineingehen; alle Juden müssten zu Volkszählung und Sklavenstand getrieben, die Widerspenstigen aber mit Gewalt herbeigeführt und ums Leben gebracht werden, und die Erfassten müssten auch durch Feuer mit dem Abzeichen des Dionysos,[19] einem Efeublatt, am Leib gekennzeichnet werden; sie müssten auch in eine auf den früheren Stand herabgesetzte Rechtsstellung gebracht werden.

Damit er aber nicht ihnen allen als Verhasster erscheine, schrieb er darunter: Falls es aber einige von ihnen vorziehen, unter den in die Mysterien Eingeweihten zu leben, sollen sie mit den Alexandrinern gleichberechtigte Bürger sein." (3. Makkabäer 2,27-30).

Es war eine schlimme Zeit für die Juden, und doch rettete der Herr Sein Volk auch aus dieser Bedrängnis. In Judäa durch die Makkabäer, die einen Aufstand gegen die Griechen führten, aber auch in Alexandria. So leicht ließen sich die Juden also nicht hellenisieren, aber das Volk wurde dadurch tief gespalten.

Die am Weg der Väter festhalten wollten, hatten aber ein weiteres Problem zu meistern: eine neue Sprache und eine neue Schrift, welche das Hebräische und die aramäische Schrift schrittweise ersetzten. Interessanterweise kam ihnen hier gerade ein wohlgesonnener griechischer König zur Hilfe.

---

[19] Das klingt sehr ähnlich wie das Malzeichen des Tieres in der Offenbarung des Johannes.

Die 70er-Bibel (LXX)

Eines muss man den Griechen nämlich lassen: sie waren bildungshungrig und wissbegierig. So gründeten sie in Alexandria eine weltberühmte Bibliothek, in der sie das Wissen der ganzen Welt sammeln wollten. Für diese Bibliothek sollte auch die Thora ins Griechische übersetzt werden. Wie kommt man nun an eine Übersetzungsvorlage, und wer ist dazu geschickt genug? In einem Brief des Zeitzeugen Aristeas wurde uns die Geschichte dieser Übersetzung überliefert.

Es geschah zur Zeit des Ptolemaios II. Philadelphos (285-246 v.Chr.), dem Großvater jenes bösen Philometor, der den Juden solchen Druck machte. Zu dieser Zeit gab es etwas Entspannung im Verhältnis der Juden und Griechen, und mit viel diplomatischem Geschick gelang es, den jüdischen Hohepriester in Jerusalem dazu zu bewegen, die Schriftrollen des Gesetzes aus dem Tempel zusammen mit 72 Schriftgelehrten nach Alexandria zu schicken, um diese dort für die Bibliothek zu übersetzen. Die Herangehensweise war hochprofessionell, und das Ergebnis war sehr zufriedenstellend, auch für die Juden von Alexandria:

„Drei Tage später ging Demetrius mit ihnen über den sieben Stadien langen Wellenbrecher zur Insel, überschritt die Brücke und begab sich in den nördlichen Bezirk. Dann hielt er eine Sitzung in einem am Strand erbauten, prächtigen und still gelegenen Haus und forderte die Männer zur Ausführung der Übersetzung auf, da alles zur Arbeit Nötige wohl vorgesehen war.

Und sie führten sie so aus, dass sie durch gegenseitiges Vergleichen zu einem Wortlaut zu kommen suchten. Was sich so als übereinstimmende Meinung ergab, wurde von Demetrius geziemend aufgeschrieben. *Die Sitzung dauerte jedesmal bis zur neunten Stunde. Dann verwandten sie die freie Zeit auf die Körperpflege; es wurde ihnen alles Gewünschte reichlich zur Verfü-*

gung gestellt. Außerdem traf Demetrius täglich für sie die gleichen Zurüstungen wie für den König; denn also war es ihm vom König anbefohlen.

In der Frühe erschienen sie täglich bei Hof, machten dem König ihre Aufwartung und begaben sich dann an ihre Stätte. Nach allgemeiner jüdischer Sitte wuschen sie ihre Hände im Meer, um zu Gott zu beten, und widmeten sich dann der Lesung und der Einzelübersetzung.

Ich stellte aber auch die Frage, warum sie sich die Hände wuschen und dann erst beteten. Sie erklärten, es sei ein Zeugnis dafür, dass sie nichts Übles getan hätten; denn jede Tätigkeit geschieht durch die Hände. – So bezogen sie alles in schöner und frommer Weise auf Gerechtigkeit und Wahrheit.

So versammelten sie sich, wie wir eben sagten, täglich an dem durch Ruhe und Helligkeit angenehm gemachten Ort und erfüllten so ihre Aufgabe. Es traf sich aber, dass die Übersetzung in zweiundsiebzig Tagen fertig gestellt wurde, als sei dieses Zusammentreffen beabsichtigt gewesen.

Nach Vollendung des Werkes versammelte Demetrius die jüdische Gemeinde an der Stätte, wo die Übersetzung vollendet wurde, und las sie allen in Gegenwart der Übersetzer vor. **Diese fanden bei der Menge starke Anerkennung** *für die großen Dienste, die sie ihr damit erwiesen hätten. Ebenso lobten sie den Demetrius und baten ihn, ihren Obersten eine Abschrift des ganzen Gesetzes zu geben. Nach der Verlesung der Bücher traten die Priester und die Ältesten der Übersetzer, sowie die Obersten der Gemeindeangehörigen zusammen und erklärten:* **Die Übersetzung ist in schöner, frommer und ganz genauer Weise gefertigt;** *deshalb ist es recht, dass sie in diesem Wortlaut erhalten werde, und dass keine Änderung stattfinde. Alles stimmte diesen Worten bei, dann befahl er nach ihrer Sitte, den zu verfluchen, der eine Bearbeitung unternähme, indem er etwas hinzufügte oder etwas vom Geschriebenen änderte oder wegließe. Darum handelten sie recht; denn es sollte die Schrift für alle Zukunft stets unverändert erhalten bleiben."* (Aristaesbrief 301-311).

Spätere Überlieferungen schmückten dieses Ereignis legendenhaft aus, so hätten die 72 Übersetzer, *ohne* sich abzusprechen, wortgleiche Übersetzungen erstellt, was nur durch ein Wunder hätte geschehen können. Doch sie haben sich beraten und abgesprochen, wie dieser Text sehr klar bezeugt, der den ältesten Bericht von diesem Werk bietet.

Weil 72 Übersetzer beteiligt waren, nannte man diese Übersetzung (abgerundet) die Übersetzung der „Siebzig" (griech. Septuaginta), oder mit römischen Ziffern abgekürzt LXX. Also die 70er-Bibel. Ich bleibe in der Folge bei LXX.

Die LXX ist der Bibeltext, den ich für das bessere Alte Testament halte, und ich kann hier bereits einige Gründe nennen:

- **Das Alter:** Die Thora wurde von den Tempelrollen übersetzt (wie der Aristeasbrief berichtet), und diese sind die ältesten und zuverlässigsten Rollen des Gesetzes. Ich gehe davon aus, dass es dieselben Schriftrollen war, die Jeremia vor der Zerstörung durch die Babylonier gerettet und den verschleppten Juden übergeben hatte, die unter Esra nach Jerusalem zurückkamen und im neu errichteten Tempel aufbewahrt blieben.
- **Die Schrift:** Es handelt sich daher um Schriftrollen in der ursprünglichen althebräischen Schrift, ehe die Texte der Bibel nach und nach ins neue aramäische Schriftsystem übertragen wurden, wodurch diese noch frei von etwaigen späteren Übertragungsfehlern waren.
- **Die Übersetzer** waren Profis. Es handelte sich um ausgewählte, erfahrene Schriftgelehrte, welche die hebräische Sprache noch zuverlässig beherrschten.
- **Die Vokale:** Hebräisch wurde ohne Vokale geschrieben, weshalb man mit den Texten gut vertraut sein musste, um sie richtig zu

lesen; man musste sie von Kindesbeinen an immer und immer wieder gehört haben. Griechisch wird mit Vokalen geschrieben, steht also viel weniger in der Gefahr missverstanden zu werden. Damit bewahrt die LXX das Wissen der alten Schriftgelehrten um die zuverlässige Bedeutung und Leseweise des hebräischen Textes.

- **Die Anerkennung:** Die LXX wurde von der ganzen jüdischen Gemeinde begeistert angenommen und als genau und zuverlässig bestätigt. Sie wurde zur autoritativen Bibelausgabe aller Juden in der Diaspora und ebenso der griechischsprachigen Juden in Judäa.

Philon von Alexandria, ein jüdischer Gelehrter, der in etwa zur Zeit des Herrn Jesus lebte, berichtet von alljährlichen Feiern für die Übersetzung der Thora in die griechische Sprache. So begeistert war das ganze jüdische Volk über dieses Werk, aber noch darüber hinaus: viele Nichtjuden begannen, sich für Gottes Wort zu interessieren:

„Daher wird auch noch bis auf den heutigen Tag alljährlich ein Fest und eine Festversammlung auf der Insel Pharus abgehalten, zu der nicht bloß Juden, sondern auch andere in sehr großer Menge hinüberfahren, um den Ort zu verherrlichen, an dem zum ersten Male das Licht dieser Übersetzung erstrahlte, und um der Gottheit den Dank für die alte, stets jung bleibende Wohltat darzubringen.

Nach den Gebeten und den Danksagungen veranstalten die einen in Zelten, die sie am Gestade aufgeschlagen haben, die anderen, in dem Sand am Strande sich lagernd, unter freiem Himmel mit Angehörigen und Freunden ein Festmahl und halten zu dieser Zeit das Gestade für prächtiger als die prächtigste Ausstattung in Palästen. So erweisen sich die Gesetze als eifrig begehrt und geschätzt bei allen Gemeinen und Vornehmen, und dies trotzdem seit langer Zeit das Volk nicht glücklich ist; gewöhnlich pflegen ja die Vorzüge derer, die sich nicht im Glücke befinden, irgendwie in den Schatten zu treten.

Wenn aber erst für dies Volk der Beginn eines glänzenderen Loses einträte, wie groß würde da wohl erst der Zuwachs sein? Die andern würden wohl alle, meine ich, ihre eigenen Sitten aufgeben und den väterlichen Gebräuchen von Herzen absagen und sich ausschließlich zur Wertschätzung dieser Gesetze bekehren. Denn mit dem Glücke des Volkes werden gleichzeitig seine Gesetze durch ihren Glanz die andern, wie die Sonne bei ihrem Aufgange die Sterne, verdunkeln." (Über das Leben Mosis II, Kp. 7).

Da wäre ich gerne dabei gewesen! Welche Festfreude! Und erst das Nächtigen in Zelten unter dem Sternenhimmel in der kühlen mediterranen Meeresluft! Tatsächlich führte die LXX zu einem wachsenden Interesse der Griechen am Glauben der Juden. Sie begannen die Synagogen zu besuchen, manche ließen sich sogar beschneiden und wurden „Proselyten" (Nichtjuden, die sich dem Judentum anschlossen), andere blieben etwas distanzierter und wurden „Gottesfürchtige" genannt. In der Apostelgeschichte begegnen wir ihnen immer wieder; sie gehörten zu den ersten unter den Nichtjuden, die das Evangelium mit Freuden annahmen. Die LXX bereitete also den Völkern der Welt den Weg für das Evangelium.

Wir erinnern uns vielleicht, dass auch Joseph mit Maria und ihrem neugeborenen Sohn Jesus einige Jahre in Ägypten im Exil verbrachten. Wir wissen nicht genau, wo, aber die größte jüdische Gemeinde war in Alexandria, und daher ist es gut vorstellbar, dass die heilige Familie am LXX-Fest teilnahm. Die LXX wurde zur Bibel aller Juden in der Diaspora, und zu weiten Teilen auch in Judäa und Galiläa, die alle stark unter hellenistischem Einfluss standen. Griechisch war dort zur Alltagssprache geworden. Das mag gängigen Klischees widersprechen, die wir vom Judentum zur Zeit des Herrn Jesus haben, aber es ist tatsächlich so gewesen, wie wir noch sehen werden. Man nennt das „die Macht des Faktischen"; die dominante Kultur bestimmt die Sprache.

Nachdem die Thora von den 72 übersetzt worden war, folgten bald die übrigen Texte des Tanakh. Die Propheten wurden recht bald danach übersetzt, auch die übrigen Schriften wurden schrittweise ergänzt, wobei die Wesentlicheren früher abgeschlossen wurden, die Nebensächlicheren später. Esther und Prediger (Kohelet) kamen erst im 1. Jahrhundert nach Christus dran. Es ist unklar, wer die anderen Texte übersetzte, und streng genommen gehören sie nicht zur LXX (weil sie nicht von den 72 Schriftgelehrten stammen), werden aber traditionell dazugerechnet. Diese alle wurden allgemein anerkannt und waren in allen Synagogen, in denen nicht weiterhin die hebräischen Texte gelesen wurden, in Gebrauch.

Der bekannte jüdische Historiker Flavius Josephus (37-100 n.Chr.) verfasste seine „Jüdischen Altertümer" und berichtet auch wohlwollend bestätigend über diese Übersetzung. Das ist insofern bemerkenswert, als er in der Einleitung zu seinen „Jüdischen Altertümern" schreibt:

*„Das vorliegende Werk dagegen nahm ich in Angriff, weil ich allen Griechen damit etwas Bedeutendes bieten zu können glaubte. Es wird nämlich unsere ganze Altertumskunde und die Verfassung unseres Staates enthalten, **wie ich sie aus hebräischen Schriften ins Griechische übertragen habe.**"* (Jüdische Altertümer I,5).

Wir werden sehen, dass es zwischen der LXX und dem uns heute vorliegenden sog. „masoretischen" Text des Alten Testaments (MT) zum Teil bemerkenswerte Unterschiede gibt. Dennoch folgt Josephus' Übersetzung großteils der LXX, sodass wir annehmen dürfen, dass ihm Texte vorlagen, die mit den Vorlagen der LXX gegen den masoretischen Text übereinstimmten.

Nicht zuletzt ist zu erwähnen, dass von den etwa 350 alttestamentlichen Zitaten im Neuen Testament 300 mit der LXX übereinstimmen. Das zeigt deutlich, dass die LXX auch die Bibel der Apostel und der frühen Christen war. Als der Herr Jesus in der Synagoge in Nazareth eingeladen wurde, aus der Schriftrolle des Jesaja zu lesen, las Er aus einer LXX-Rolle:

*„Und es wurde ihm die Buchrolle des Propheten Jesaja gegeben; und als er die Buchrolle aufgerollt hatte, fand er die Stelle, wo geschrieben steht: »Der Geist des Herrn ist auf mir, weil er mich gesalbt hat, den Armen frohe Botschaft zu verkünden; er hat mich gesandt, zu heilen, die zerbrochenen Herzens sind, Gefangenen Befreiung zu verkünden und **den Blinden, dass sie wieder sehend werden,** Zerschlagene in Freiheit zu setzen, um zu verkündigen das angenehme Jahr des Herrn.« Und er rollte die Buchrolle zusammen und gab sie dem Diener wieder und setzte sich, und aller Augen in der Synagoge waren auf ihn gerichtet.“* (Lukas 4,17-20).

Wir wissen, dass Er aus der LXX las, denn die Verheißung, dass Blinde wieder sehend würden, findet sich nicht im heutigen hebräischen Text:

„Der Geist des Herrn, des Herrschers, ist auf mir, weil der Herr mich gesalbt hat, den Armen frohe Botschaft zu verkünden; er hat mich gesandt, zu verbinden, die zerbrochenen Herzens sind, den Gefangenen Befreiung zu verkünden und Öffnung des Kerkers den Gebundenen, um zu verkündigen das angenehme Jahr des Herrn.“ (Jesaja 61,2 – nach dem MT[20]).

Der Unterschied ist deutlich erkennbar, und so wissen wir, dass im *„Galiläa der Heiden“* (Matthäus 4,15) vornehmlich die LXX in Gebrauch ist, d.h. im wichtigsten Wirkungsgebiet des Herrn Jesus. Und wir sehen daran auch, dass der Er sich fließend in Griechisch ausdrücken konnte, denn diese Sprache war die Amts- und Verkehrssprache im ganzen östlichen römi-

---

[20] MT = Masoretischer Text, der ab dem 8. Jahrhundert mit Vokalzeichen versehen wurde und der gültige standardisierte hebräische Text des Alten Testaments ist, wie er von den Pharisäern ab etwa 100 n.Chr. (noch ohne Vokalzeichen) zur Norm erhoben wurde.

schen Reich seit Alexander dem Großen und noch Jahrhunderte nach Christus.

Die Vernichtung der Urtexte

Die LXX stärkte den Widerstandsgeist der Juden gegen die Hellenisierung, weshalb wenige Jahrzehnte nach deren Übersetzung unter Ptolemaios IV. Philometor (245-204 v.Chr.) eine heftige Judenverfolgung einsetzte. Es ging um nichts weniger als um eine Zwangshellenisierung, wie dies im 3. Makkabäerbuch berichtet wird. Gott rettete Sein Volk auf wunderbare Weise, doch bald darauf versuchte ein anderer König, Antiochos IV. Epiphanes (215-164 v.Chr.), der sich selbst für eine göttliche Erscheinung hielt, die Judäer zum griechischen Götzendienst zu zwingen. Antiochos stammte von Alexanders General Seleukos ab, und sein Reich war nördlich von Israel. Ptolemaios war ein anderer General Alexanders, von dem die gleichnamigen Könige abstammten. Diese regierten in Ägypten, südlich von Israel. Daniel prophezeite bereits Jahrhunderte früher über die Ereignisse der Makkabäerzeit und spricht von den beiden dabei als *„König des Nordens"* und *„König des Südens"* (Daniel 11). All das hat sich erfüllt und wird besonders in den Makkabäerbüchern genau und zur Ehre Gottes berichtet.

Weil diese Berichte in den protestantischen Bibeln fehlen, haben wir keinen Begriff davon, wie sehr Gottes Volk in diesen Jahrhunderten zu leiden hatte. Uns entgeht aber auch, wie treu Gott Seinem Volk beigestanden ist und sie rettete.

Bevor wir weitergehen, brauchen wir aber eine historische Orientierung, denn es geht um zeitliche Abläufe und Daten, die uns weitgehend unbekannt sind. Es ist aber wichtig, diese zu kennen, um die Ereignisse richtig einordnen zu können:

- **587 v.Chr.** zerstörte Nebukadnezar den Tempel in Jerusalem. **Jeremia rettete** die Bundeslade, die Stiftshütte und vor allem **die**

Schriftrollen der Thora vor der Zerstörung. Die Schriftrollen übergab er den deportierten Juden zur Befolgung und Bewahrung.

- **536 – 520 v.Chr.** wurde der Tempel in Jerusalem unter Serubbabel und dem Hohepriester Jeschua wieder aufgebaut. Der Prophet Haggai musste damals mahnende Worte sprechen, weil die Arbeit vernachlässigt wurde.
- **515 v. Chr.** wurde der Tempel feierlich eingeweiht.
- **458 v. Chr.** kam **Esra mit** mehreren Rückkehrern und **den Schriftrollen der Thora** nach Jerusalem. In dieser Zeit wurde Hebräisch mehr und mehr vom Aramäischen verdrängt, auch die althebräische Schrift wurde schrittweise durch die allgemein lesbarere aramäische Schrift ersetzt.
- **333 v. Chr.** besiegte Alexander der Große entscheidend die Perser und gründete das griechische Weltreich. Die Hellenisierung des Orients begann und wurde von seinen Nachfolgern (den Diadochen) vehement vorangetrieben.
- **Um 250 v.Chr.** wurde **die Thora ins Griechische** übersetzt, die sogenannte Septuaginta (LXX).

Danach wurde der hellenistische Druck immer stärker. Im Jahr 168 v.Chr. entweihte Antiochos IV. Epiphanes den Tempel in Jerusalem, indem er dort Schweine für Zeus opfern ließ und alle Juden zwang, daran teilzunehmen. Die sich weigerten, wurden grausam zu Tode gefoltert (2. Makkabäer 6 und 7). Er verbot die Beschneidung und die Befolgung des Gesetzes, er ließ sogar die Schriftrollen verbrennen, wo immer er ihrer habhaft werden konnte. Eine kurze Schilderung dieser Zustände müssen wir uns hier zumuten:

„Und der König erließ ein Edikt in seinem ganzen Reich, dass alle zu einem Volk werden sollten und jeder seine Gebräuche aufgeben solle. Und alle Völker nahmen

es an gemäß der Anordnung des Königs. Auch viele aus Israel fanden Gefallen an seiner Verehrung und opferten den Götzen und entweihten den Sabbat.

Und der König sandte Briefe durch Boten nach Jerusalem und in die Städte Judas, sie sollten sich nach Gebräuchen, die dem Land fremd waren, richten und Brandopfer und Schlachtopfer und Trankopfer im Heiligtum einstellen, und Sabbate und Festtage entweihen, und Heiligtum und Heilige verunreinigen, und Altäre, Tempelbezirke und Götzenheiligtümer erbauen, und Schweine und unreine Tiere opfern, und ihre Söhne unbeschnitten lassen, damit sie sich mit jeder Art von Unreinheit und Gräuel befleckten, sodass sie das Gesetz vergäßen und alle Gebote änderten. Und wer nicht nach der Anordnung des Königs handele, der solle sterben. Dementsprechende Schreiben sandte er in sein ganzes Reich, und setzte Aufseher über das ganze Volk ein und befahl den Städten Judas, Opfer darzubringen, in jeder einzelnen Stadt. Und viele aus dem Volk schlossen sich ihnen an, ein jeder, der vom Gesetz abfiel, und sie vollbrachten böse Taten im Land. Und sie drängten Israel in Verstecke an jedem Ort, an dem sie Zuflucht fanden.

Und am 15. Tag des Monats Chaseleu [Kislev], im Jahre 145 [d.i. 168 v.Chr.], errichtete er den Gräuel der Verwüstung auf dem Brandopferaltar, und in den umliegenden Städten Judas errichteten sie Altäre. Und vor den Haustüren und in den Straßen brachten sie Räucheropfer dar.

Und alle Bücher des Gesetzes, die sie fanden, zerrissen sie und verbrannten sie im Feuer. *Und für jeden, bei dem ein Buch des Bundes gefunden wurde oder der sich nach dem Gesetz richtete, bedeutete die Anordnung des Königs den Tod.*

Und sie gebrauchten ihre Gewalt gegenüber Israel, gegenüber denen, die entdeckt wurden, Monat für Monat in den Städten. Und am 25. des Monats brachten sie auf dem Altar, der sich über dem Räucheropferaltar befand, Opfer dar.

Und gemäß dem Befehl töteten sie die Frauen, die ihre Kinder hatten beschneiden lassen. Und sie hängten ihnen die Säuglinge an ihre Hälse, und sie töteten auch ihre Familien und die, die sie beschnitten hatten." (1. Makkabäer 1,41-61).

Unvorstellbar! Das alles sollte dazu dienen, dass im ganzen griechischen Reich alle Bewohner sich ein und derselben Sitte, Kultur und Religion anschließen sollten, sodass sie „ein Volk" würden. Jeder, der sich mit Endzeitfragen beschäftigt, sollte mit diesen Ereignissen vertraut sein, denn was der Antichrist am Ende tun wird, ist nichts anderes als eine Wiederholung und Verstärkung dessen, was bereits Antiochos tat – und wer wissen will, was der *„Gräuel der Verwüstung"* ist, von dem Daniel und der Herr Jesus sprachen, findet hier eine Schilderung dessen.

In Bezug auf unser Thema ist wichtig, dass Antiochos alle auffindbaren Schriftrollen des Gesetzes vernichten ließ. Darunter fielen auch die Tempelrollen, von denen die LXX übersetzt worden war, wie auch die übrigen Rollen der Propheten und Schriften. Das ist ein unermesslicher Verlust, der in der akademischen Literatur zur LXX kaum beachtet wird. Denn mit dem Wüten des ersten Antichristen gingen die ältesten und zuverlässigsten Vorlagen, auf denen alle Abschriften der Heiligen Schrift beruhen sollten, unwiederbringlich verloren. Es gibt seither kein hebräisches „Eichmaß" mehr, anhand derer die Abschriften verglichen und korrigiert werden könnten.

Das ist keine Kleinigkeit, denn wenn heute Gelehrte die LXX als schlechte Übersetzung kritisieren (was vorkommt), so können sie sich nur auf die Schriftrollen, die nach der Zerstörung der verbindlichen Vorlagen gesammelt und rekonstruiert wurden, berufen. Damit geht ihre Kritik aber ins Leere. Doch noch vor den Wirren des Antiochos waren die meisten übrigen Texte, die wichtigsten vor allem, bereits auf Griechisch verfügbar. Ich erinnere daran, was wir bereits vorher über die Sammlung der Schriften gelesen haben:

„Es wurde aber dasselbe auch in den Aufzeichnungen und in den Denkschriften zu Nehemias erklärt, und auch, wie er eine Bibliothek gründete: Er sammelte die Bücher über die Könige und über die Propheten, die Bücher Davids und Briefe der Könige über Weihgeschenke.[21]

Ebenso aber sammelte auch Judas alle Schriften, die wegen des Kriegsgeschehens zerstreut worden waren, für uns, und sie sind bei uns. Wenn Ihr nun Bedarf danach habt, so sendet Leute, die sie Euch bringen können." (2. Makkabäer 2,13-15).

Die Bibliothek des Nehemia fiel der Zerstörungswut des Antiochos anheim, und es fand eine neue Sammlung statt. Die Schriften wurden zerstreut, vielfach zerstört und mussten zum Teil rekonstruiert und wieder allgemein zugänglich gemacht werden. Ich mutmaße, dass vieles dabei in großer Eile geschah und sich Abschreibfehler so geradezu zwangsläufig vermehrten. Jedenfalls – und das ist eine erschütternde Tatsache – gab es in der Zeit danach keinen einheitlichen hebräischen Text mehr. Die Funde von Schriftrollen und Fragmenten aus den Höhlen in Qumran sind hier sehr ernüchternd. Hat Gott sein Wort nicht bewahrt, wie Er es verheißen hatte?

„Denn wahrlich, ich sage euch: Bis Himmel und Erde vergangen sind, wird nicht ein Buchstabe noch ein einziges Strichlein vom Gesetz vergehen, bis alles geschehen ist." (Matthäus 5,18).

---

[21] Die Aufzeichnungen über die Weihegeschenke wurden auch gesammelt, haben aber nichts mit der Bibel zu tun; die Bibliothek hatte mehrere Zwecke als nur die Sammlung heiliger Schriften.

Wer darauf verweist, dass kein Buchstabe und Strichlein vergehen würde, müsste schon bei der Änderung der Schriftart zugeben, dass sich hier *alle* Strichlein verändert hätten. Betrachtet man die zahlreichen Handschriften und Fragmente, die uns vorliegen, so wird man häufig feststellen, dass Buchstaben und sogar ganze Worte verloren gegangen sind.

Gott bewahrte Sein Wort jedoch besser und nachhaltiger, als Er es allein durch die Bewahrung der althebräischen Rollen hätte tun können.

- Er bewahrte Sein Wort davor, **unverständlich** zu werden, indem Er es übersetzen ließ, als es noch verstanden wurde.
- Er bewahrte es vor Missverständnissen, die sich aus dem reinen Konsonantentext ergeben, indem Er es übersetzen ließ, als man noch wusste, wie die Worte genau zu verstehen und zu lesen sind und es in eine **Sprache mit Vokalen** übersetzen ließ.
- Er bewahrte Sein Wort vor Missverständnissen, da Er es aus der **weniger verwechslungsanfälligeren** althebräischen Schrift übersetzen ließ. Die aramäische Schrift muss man viel sorgfältiger schreiben, um Buchstabenverwechslungen zu vermeiden.
- Er bewahrte es, indem Er es in eine Sprache übersetzen ließ, die sich für eine **weite Verbreitung** eignete, sodass Sein Wort nie völlig ausgelöscht werden kann, weil es überall in der Diaspora zur Norm wurde.
- Er bewahrte Sein Wort, indem Er es in eine Sprache übersetzen ließ, die **zukunftsfähig** war, die noch mindestens 500 Jahre lang die wichtigste Sprache im ganzen Mittelmeerraum sein sollte.

Wer die Geschichte und Bedeutung der LXX verstehen will, kann meines Erachtens die Geschehnisse unter Antiochos IV. Epiphanes nicht außer Acht lassen. Die Bibel war danach nicht mehr wie früher! Aber durch die

LXX haben wir eine Übersetzung des Wortes Gottes aus der Zeit vor dessen nachhaltiger Beschädigung.

Jeder Theologe, der sich mit dem Text des Alten Testaments befasst, würde wohl alles dafür geben, die Schriftrollen studieren zu können, welche den 72 Schriftgelehrten vorlagen, als sie diese übersetzten. Wieviele offene Fragen über unklare Textstellen würden da ein für allemal geklärt werden können! Nur gibt es diese nicht mehr. Dafür haben wir die LXX.

Totale Verwirrung?

Diese Wirren schwächten und spalteten das jüdische Volk, aber gerade das brachte auch sehr viele entschlossene und fromme Gläubige hervor. Es war eine herbe Prüfungszeit; der Makkabäeraufstand war Befreiungskrieg und Bürgerkrieg zugleich. Gott schenkte den Makkabäern erstaunliche Siege und dem Volk am Ende die Freiheit. Aus den Makkabäern wurde das Herrschergeschlecht der Hasmonäer. Die Unabhängigkeit währte fast 100 Jahre bis Israel 63 v.Chr. von den Römern, die Griechenland als Weltmacht ablösten, annektiert wurden. Latein setzte sich in den östlichen Reichsgebieten jedoch nicht als „lingua franca"[22] durch, da die Römer eine andere Politik verfolgten als die Griechen. Es ging ihnen nicht um Romanisierung, im Gegenteil, sie selbst übernahmen sehr viel aus der griechischen Kultur. Was ihnen besonders gefiel, war die Vergöttlichung der Herrscher und der daraus erwachsene Kaiserkult. Der göttliche Cäsar sollte den Zusammenhalt gewähren, daneben konnte jeder weitestgehend glauben, was er wollte.

In der Hasmonäerzeit verfielen die jüdischen Herrscher mehr und mehr dem Hellenismus, so stark war der Kulturdruck und so groß der Drang, vor den griechischen Nachbarn gut dazustehen. Aristobulus gab sich, wie viele andere Könige in der Region, den Titel „Philhellen" (Griechenfreund). Irgendwie dürften die Überlieferungen der Väter immer noch den Geruch des Hinterwäldlerischen verströmt haben. Sie gaben sich griechische Namen und lebten bald sehr fragwürdig. Die Anhänger des Judas Makkabäus fanden sich bald in einer Situation, die schlimmer war als zuvor:

„Nach Judas' Ende nun fassten die Frevler und Gesetzesverächter wieder Mut und taten den Juden allerwärts viel Schlimmes an. Dazu kam auch noch eine

---

[22] Amts- und Verkehrssprache

Hungersnot, die das Land schwer heimsuchte, sodass viele, weil sie am Notwen-digsten Mangel litten und das doppelte Leid, Feinde und Hunger, nicht zu ertragen vermochten, zu den Macedoniern übergingen. Bakchides nämlich ver-sammelte alle Juden um sich, die von ihren väterlichen Gesetzen abgefallen waren und sich heidnischen Lebensgewohnheiten zugewandt hatten, und übertrug ihnen die Verwaltung des Landes. Diese ergriffen die Anhänger und Freunde des Judas und lieferten sie dem Bakchides aus, der sie nach Herzenslust foltern und dann grausam umbringen ließ. So traf die Juden ein Unheil, wie sie es seit der Rückkehr aus Babylon nicht mehr erfahren hatten." (Jüdische Altertümer XIII,2-5).

Einige Jahre später (103/104 v.Chr.) geschah etwas Frevelhaftes:

„Als Hyrkanus gestorben war, beschloss sein ältester Sohn Aristobulus, aus eigener Machtvollkommenheit die bisherige Regierungsform in ein Königtum zu verwandeln, und setzte sich vierhunderteinundachtzig Jahre und drei Monate nach der Rückkehr des Volkes aus der babylonischen Knechtschaft zuerst wieder die Krone auf." (Jüdische Altertümer XIII,301).

Was ist so schlimm daran? Der König Israels musste aus dem Haus Davids kommen, nicht aus dem Stamm Levi und dem Haus Aarons![23] Die Hasmo-näer vereinigten so Priestertum und Königtum, was jedoch immer getrennt bleiben sollte, bis der Messias kommt. Erst der vollkommene Erlöser hat die Voraussetzungen und Berufung – in der Weise Melchisedeks (vgl. Psalm 109[110]) – König und Priester zu werden. Daran nahmen gleich zwei jüdische Gruppen Anstoß: Die Sadduzäer, die darauf bestanden, dass der Hohepriester aus dem Haus Zadok kommen müsse, und die Essener, die den Tempel nun als völlig entweiht betrachteten und sich in die Wüste zurückzogen (bekannteste Siedlung: Qumran, ab etwa 100 v.Chr.). Auch

---

[23] Die Makkabäer stammten aus einem alten Priestergeschlecht, waren also Aaroniten.

die Pharisäer entstanden zu dieser Zeit, die mehr Glaubenstreue und Gehorsam gegenüber Moses einforderten.

Diese Gruppen waren sehr verschieden. Die Sadduzäer begannen als Glaubensrichtung bereits etwa 150 v.Chr. und waren eher philosophisch geprägt. Sie akzeptierten nur die Thora. Die Propheten, die übrigen Schriften und jegliche mündliche Überlieferung hatten bei ihnen keine Autorität. Sie glaubten nicht an die Auferstehung der Toten oder an Engel und dergleichen und waren sehr diesseitig ausgerichtet.

Die Pharisäer glaubten an die ganze Heilige Schrift (Gesetz, Propheten und übrige Schriften) und legten großen Wert auf die mündliche Überlieferung, die besonders genau festlegen wollte, wie das Gesetz zu halten sei. So gut das gemeint war, schossen sie doch so weit über das Ziel hinaus, dass unser Herr Jesus sie scharf dafür kritisierte.

Die Essener glaubten auch an die ganze Heilige Schrift, aber auch an Bücher, die apokalyptisch und umstritten waren. Dazu hatten sie ihre eigenen Schriften mit ihren besonderen Lehren verfasst. Sie lebten von allen anderen abgeschieden und befolgten sogar einen eigenen Kalender, wodurch ihre Festtage nicht mehr mit denen des übrigen Gottesvolkes zusammenfielen.

Indem die Juden in dieser Zeit den samaritanischen Tempel auf dem Berg Garizim zerstört hatten, gingen diese noch entschlossener ihren eigenen Weg. Ihre Thora – der Samaritanische Pentateuch – wird nach wie vor in althebräisch geschrieben und stimmt an vielen Stellen mit der LXX gegen den MT überein. Somit bestätigen sie wechselseitig viele wichtige ältere Textpassagen. Andererseits scheint der Samaritanische Pentateuch auch gezielt an Schlüsselstellen verändert worden zu sein, um deren eigene Lehren zu bestätigen.

Daneben gab es noch die weit überwiegende Zahl der griechischsprachigen Juden, sowohl in der Diaspora als auch in Judäa und Galiläa. Diese gebrauchten und kopierten die LXX, auch in den Synagogen war sie der Maßstab für die Lehre.

Kurz gesagt: Es war ein Durcheinander! Jede Gruppe grenzte sich von den anderen ab, verfolgte ihre eigenen Traditionen und ihre eigenen Textüberlieferungen. Was sie verband, war der Tempel (abgesehen von den Essenern), die Abneigung gegen die Römer, sowie die allgemeine Hoffnung auf den Messias, der sie erlösen würde.

Natürlich wirkte sich das auf die Texte der Heiligen Schrift aus, denn wenn es einerseits das „Eichmaß" nicht mehr gab, und jede Gruppe für sich die Schriften kopierte – und das in solch turbulenten Zeiten! – schlichen sich nicht nur Abschreibfehler gehäuft ein, sondern auch tendenziöse „Verbesserungen". Das meiste davon passierte wohl kaum in böser Absicht; es lag einfach in der Natur der Sache, und Druckmaschinen, die idente Kopien erzeugen, gab es damals ebensowenig wie digitale Backups.

Genau das ist es auch, was man in den Höhlen von Qumran gefunden hatte. Als 1947 ein arabischer Hirtenjunge einen Stein in eine der Höhlen nahe der essenischen Siedlung von Qumran warf und dabei das Geräusch eines zerbrechenden Tongefäßes vernahm, stieß man auf einen überwältigenden Schatz alter Schriftrollen, deren Alter vom 2. Jahrhundert v.Chr. bis 68 n.Chr. reichte. Dann zerstörten die Römer die Siedlung, und das Schriftrollenversteck geriet in Vergessenheit.

Was man fand, war bahnbrechend für die Erforschung der Geschichte der Heiligen Schrift. Besondere Berühmtheit erlangte die große Jesajarolle, die den vollständigen Text des prophetischen Buches enthielt. Der Jubel war groß, als man feststellte, dass der Konsonantentext nahezu ident mit dem überlieferten MT ist. Dieses „nahezu" wird von jenen gerne ausgelassen, welche die absolute Gültigkeit des MT vertreten. Doch das ist nur die halbe Wahrheit. Man fand Rollen und Fragmente *aller* Texttraditionen, sodass sich insgesamt ein sehr uneinheitliches Bild ergibt. Bemerkenswerterweise auch hebräische Texte, die mit der LXX übereinstimmen, wo diese vom MT abweicht. So bestätigte sich, dass die LXX von anderen Vorlagen übersetzt wurde als jenen, die später zum MT wurden.

Joseph Ziegler von der Universität Würzburg fühlt der berühmten großen Jesaja Rolle auf den Zahn und stellt fest, dass sie der LXX an vielen Stellen erstaunlich nahe steht. Es geht um über 6.000 Varianten, von denen zwei Drittel aber nur die Rechtschreibung betreffen.

„Für den biblischen Textkritiker ist die vollständige Isaias-Rolle (1QIsᵃ; in diesem Beitrag einfach mit Qu bezeichnet) der wertvollste Fund von Qumran; denn sie enthält eine Textform, die von dem masoretischen Text („M") in zahlreichen Varianten abweicht (im Gegensatz zur unvollständigen zweiten Isaias-Rolle, die M ganz nahe steht)."[24]

Nachdem er seitenlang über viele kleine Details und bemerkenswerte Unterschiede geschrieben hat, fasst er zusammen:

„Eine stattliche Anzahl von Varianten konnte notiert werden, die in LXX Qu gegen M übereinstimmen. Diese Übereinstimmung besagt aber nicht, dass überall die Vorlage der LXX die gleiche hebr. Lesart wie Qu hatte. Es ist deutlich zu erkennen, dass Qu gerade in vielen Fällen, wo sie mit LXX übereinstimmt, sekundäre, erleichternde Lesarten gegenüber M bezeugt."[25]

Es ist kompliziert geworden nach Antiochos IV. Epiphanes und der Aufsplitterung des Judentums. Wir können danach nicht mehr von einem

---

[24] Joseph Ziegler, „Die Vorlage der Isaias Septuaginta (LXX) und die erste Isaias-Rolle von Qumran (1QIsᵃ)." *Journal of Biblical Literature*, Vol. 78, No. 1 (Mar., 1959), pp. 34-59 (26 pages)., S. 34
[25] Ebda. S. 59

einzigen zuverlässigen Text des Alten Testaments sprechen. Das schreckt viele, die an der Irrtumslosigkeit und buchstabengenauen Überlieferung des Wortes Gottes in Form des MT glauben, ab. Das sind aber die Fakten. Und Fakt ist ebenso, dass wir in der LXX einen Text haben, der den ursprünglichen (älteren) Text in einer zukunftsfähigen Sprache bewahrt hat.

Die Manuskripte der LXX sind allerdings auch nicht in allem einheitlich, ebensowenig wie es die Vorläufer des MT sind. Das liegt zum einen an der Natur des manuellen Abschreibens, da sind Fehler unvermeidlich. Es ist aber gerade bei der LXX öfter vorgekommen, dass sich wohlmeinende Abschreiber an den mittlerweile sehr „durchwachsenen" hebräischen Schriften rückversichern wollten und die LXX im Sinne dieser Texte „verbessern" wollten. Darum gibt es auch „Mischformen", die zu sortieren und zu bewerten sich Spezialisten (Textkritiker[26]) zur Aufgabe gestellt haben.

Im Wesentlichen haben wir aber einen sehr zuverlässigen LXX-Text überliefert bekommen, der als die ältere Textform den Vorzug gegenüber dem MT haben sollte, wenn es um unsere Bibelübersetzungen geht.

---

[26] Kritik ist hier positiv zu verstehen

Die LXX im Neuen Testament

Insgesamt gibt es rund 350 Zitate aus dem Alten Testament im Neuen, von denen 300 mit der LXX übereinstimmen. Allerdings gibt es in vielen Fällen auch keinen signifikanten Unterschied zwischen LXX und MT. Erst der direkte Vergleich der griechischen Texte von LXX und Neuem Testament, was ich selbst getan und dokumentiert habe,[27] macht sichtbar, wie sehr sie tatsächlich übereinstimmen.

Zum Beispiel folgen von den 41 Zitaten im Matthäusevangelium nur 4 dem MT; 22 Zitate entsprechen praktisch buchstabengleich der LXX. Dann gibt es noch 15 freie Wiedergaben, von denen 3 direkt mit der LXX zusammenhängen, die anderen mit LXX und MT inhaltlich übereinstimmen. Bedenkt man, dass Matthäus für Juden geschrieben hat, überrascht es doch, dass rund 90% der Zitate und freien Wiedergaben mit der LXX übereinstimmen. Alles zusammengenommen, hat sich dieser Befund für das ganze Neue Testament bestätigt.

Warum ist das wichtig? Wenn wir glauben, dass das Neue Testament vom Heiligen Geist inspiriert ist, so erkennen wir daraus, dass Gott selbst durch den Gebrauch der LXX diese als glaubwürdig und grundlegend bestätigt hat. Oft sind die Unterschiede zwischen LXX und MT sogar sehr bedeutungsvoll. Dazu will ich ein paar Beispiele geben – wie gesagt, es soll nicht zu lang und ermüdend werden:

Das Umstrittenste zuerst: die Jungfrauengeburt:

„Damit erfüllt würde, was der Herr durch den Propheten geredet hat, der spricht: »Siehe, die Jungfrau wird schwanger werden und einen Sohn gebären; und man

---

[27] „Das Christliche Alte Testament", S. 224-316

wird ihm den Namen Immanuel geben«, das heißt übersetzt: »Gott mit uns«."
(Matthäus 1,22-23).

„Siehe, die Jungfrau wird schwanger sein und einen Sohn gebären, und du wirst ihm den Namen »Emmanuel« geben." (Jesaja 7,14 – LXX),	*„Sieh hier, das junge Weib wird schwanger und gebiert einen Sohn und heißt seinen Sohn Immanu-El."* (Jesaja 7,14 – MT)[28]

In den meisten Bibelübersetzungen steht in der Jesajastelle immer noch „Jungfrau", während neuere bereits „junge Frau" haben. Was stimmt? Das Wort „Almah" bedeute – so sagt man – lediglich „junge Frau", eine unverheiratete junge Frau, aber nicht zwangsläufig eine biologische Jungfrau. Das führte bereits in 2. Jahrhundert zu einer Kontroverse zwischen Justin dem Märtyrer und dem Juden Trypho. Moderne Theologen, die das Wunder entkräften wollen, weisen darauf hin und meinen, eine Jungfrauengeburt sei nie prophezeit worden. Da kann man als einfacher Bibelleser schon verunsichert werden.

Aber wer hat es mit „parthenos" (Jungfrau) übersetzt? Jüdische Schriftgelehrte, wenn auch nicht die 72, so doch Menschen, die wussten, was sie taten und denen nicht bewusst war, wie sich das erfüllen sollte. Sie verstanden Almah also als biologische Jungfrau, auch wenn man das ein paar hundert Jahre später anders verstanden haben wollte. Doch Sprache ändert sich! So wie unser Wort „Fräulein" früher immer Jungfräulichkeit implizierte, wird es auch bei Almah gewesen sein. Die griechische Übersetzung gibt also den älteren Wortsinn wieder, ehe sich die hellenischen Sitten durchgesetzt haben, wo man vieles „lockerer" nahm. Das macht die LXX besonders wertvoll, denn sie überliefert, wie bestimmte hebräische Begriffe ursprünglich verstanden worden sind.

---

[28] nach Naftali Herz Tur-Sinai

Aus Ägypten habe ich meinen Sohn gerufen

Nach der Geburt musste die heilige Familie vor Herodes nach Ägypten fliehen, und das erfüllte eine alte Prophetie – aber welche? In unseren Bibeln wird meist Hosea angegeben:

„Damit erfüllt würde, was der Herr durch den Propheten geredet hat, der spricht: »Aus Ägypten habe ich meinen Sohn gerufen«." (Matthäus 2,15).

Das ist es, was in Hosea 11,1 steht:

*„Denn jung war Israel, da gewann auch ich es lieb, und aus Ägypten rief ich **seine Kinder** zurück."* (Hosea 11,1-LXX)	*„Als Israel jung war, liebte ich ihn, und aus Ägypten habe ich **meinen Sohn** gerufen."* (Hosea 11,1-MT)

Ist das ein wichtiges Zitat? Natürlich, denn es geht darum, dass sich eine Verheißung über den Messias erfüllt hätte! Aber das geht sich mit der LXX nicht aus – weil aber in Hosea nach dem MT genau das steht, wird geschlossen, dass Matthäus Hosea zitiert hätte. Hätte Matthäus eine messianische Stelle zu dieser Episode zitieren wollen, hätte er doch den Satz unmittelbar davor in der LXX zitieren können, der absolut passend ist (und auch in diesem Sinn gedeutet werden kann):

„In der Morgenfrühe wurden sie fortgejagt, fortgejagt wurde der König Israels." (Hosea 11,1a-LXX)	*„Beim Anbruch des Morgenrots wird der König Israels völlig vertilgt sein."* (Hose 10,15-MT)

Hosea 10,9-11,1a schildert den Ungehorsam Israels der in der Ablehnung Seines Königs gipfelt – das lässt sich auf Christus deuten. Mit Hos 11,1b beginnt jedoch ein neuer Abschnitt, der beschreibt, wie Israel seit seiner Herausführung aus Ägypten gesündigt hat – Hos 11,1b lässt sich weder im MT noch in der LXX auf den Messias anwenden. Dass der Text mitten in einem Vers aufgeteilt wurde, verdanken wir übrigens mittelalterlichen Einteilung der biblischen Bücher in Kapitel und der Verseinteilung durch einen Buchdrucker im 16. Jahrhundert.

Doch was, wenn Matthäus eine völlig andere Stelle im Sinn hatte?

*„**Ein Mensch** wird herauskommen aus seiner Nachkommenschaft und über viele Völker herrschen, und seine Herrschaft wird erhöht werden über Gog, und seine Herrschaft wird wachsen. **Gott hat ihn aus Ägypten herausgeführt.**"* (Numeri 24,7-8-LXX)	*„Wasser wird aus seinen Eimern fliessen, und sein Same wird sein in grossen Wassern. Sein König wird höher sein als Agag, und sein Reich wird erhöht sein. Gott hat ihn aus Ägypten geführt."* (Numeri 24,7-8-MT).

Numeri 24,7-8 ist eine klare messianische Verheißung, aber in der LXX ist sie sehr viel deutlicher als im MT. Meiner Einschätzung nach hat Matthäus eher diese Stelle im Sinn gehabt und etwas freier wiedergegeben und nicht Hosea 11,1. Fragen können wir ihn natürlich nicht mehr.

Johannes der Täufer bereitet den Weg des Herrn:

„Das ist der, von welchem geredet wurde durch den Propheten Jesaja, der spricht: »Die Stimme eines Rufenden ertönt in der Wüste: Bereitet den Weg des Herrn, macht seine Pfade eben!«" (Matthäus 3,3)

*„Da ist die Stimme eines Rufenden in der Wüste: **Bereitet den Weg des Herrn,** macht gerade die Straßen unseres Gottes!"* (Jesaja 40,3 – LXX)	*„Die Stimme eines Rufenden ertönt: **In der Wüste bereitet den Weg des Herrn,** ebnet in der Steppe eine Straße unserem Gott!"* (Jesaja 40,3 – MT)

Wie war es denn wirklich? War unser Herr Jesus einer, der die Leute in die Wüste hinausgeführt hat? Nein, aber in der Wüste begann Johannes der

Täufer zu predigen, und die Straße für den Herrn sollte nicht in der Wüste, sondern in unseren Herzen gebahnt werden.

Warum der Herr in Gleichnissen redete

„Darum rede ich in Gleichnissen zu ihnen, weil sie sehen und doch nicht sehen und hören und doch nicht hören und nicht verstehen; und es wird an ihnen die Weissagung des Jesaja erfüllt, welche lautet: »*Mit den Ohren werdet ihr hören und nicht verstehen, und mit den Augen werdet ihr sehen und nicht erkennen! Denn das Herz dieses Volkes ist verstockt, und mit den Ohren hören sie schwer, und ihre Augen haben sie verschlossen, dass sie nicht etwa mit den Augen sehen und mit den Ohren hören und mit dem Herzen verstehen und sich bekehren und ich sie heile.*«*"* (Matthäus 13,13-15).

„Und er sagte: »*Geh hin und sage diesem Volk: Mit dem Gehör werdet ihr hören und doch gewiss nicht verstehen, und schauend werdet ihr schauen und doch gewiss nicht sehen;* **denn das Herz dieses Volkes verfettete,** *und mit ihren Ohren hörten sie schwer, und ihre Augen schlossen sie, damit sie nicht etwa mit den Augen sehen und mit den Ohren hören und mit dem Herzen verstehen und umkehren, auf dass ich sie heilen werde.*«*"* (Jesaja 6,9-10-LXX)	*„Und er sprach: Geh und sprich zu diesem Volk: Hört immerfort und versteht nicht, seht immerzu und erkennt nicht! Mache das Herz dieses Volkes unempfänglich, und* **mache seine Ohren schwer und verklebe seine Augen,** *damit es mit seinen Augen nicht sieht und mit seinen Ohren nicht hört, und damit sein Herz nicht zur Einsicht kommt und es sich nicht bekehrt und für sich Heilung findet!"* (Jesaja 6,9-10-MT)

Es ist ein ziemlicher Unterschied, ob Gott das Herz des Volkes verhärtet (MT) oder ob das Volk von sich aus bereits unempfänglich für Gottes Wort geworden ist. Nach dem MT könnte man Gott zurecht einen Vorwurf machen, dass Israel den Messias nicht verstehen konnte. Nach der LXX *wollte* Gottes Volk Ihn nicht verstehen. Die Gleichnisse sollten es offenbar machen, und wer offen für Gottes Wort war, der fragte – wie es auch Seine Jünger taten! – was Er denn damit meine.

Die Zurechtweisung der Pharisäer

Mit keiner anderen jüdischen Splittergruppe hatte der Herr so viele Streitgespräche wie mit den Pharisäern. Dies warf Er ihnen am meisten vor:

„Ihr Heuchler! Treffend hat Jesaja von euch geweissagt, wenn er spricht: »Dieses Volk naht sich zu mir mit seinem Mund und ehrt mich mit den Lippen, aber ihr Herz ist fern von mir. Vergeblich aber verehren sie mich, weil sie Lehren vortragen, die Menschengebote sind.«" (Matthäus 15,7-9).

*„Dieses Volk naht sich mir, mit ihren Lippen ehren sie mich, ihr Herz aber ist weit entfernt von mir; **vergeblich aber verehren sie mich,** weil sie Menschengebote und -lehren erteilen."* (Jesaja 29,13-LXX)	*„Weil sich dieses Volk mit seinem Mund mir naht und mich mit seinen Lippen ehrt, während es doch sein Herz fern von mir hält und ihre Furcht vor mir nur angelerntes Menschengebot ist …"* (Jesaja 29,13-MT).

Das vernichtende Urteil, dass der Gottesdienst der Pharisäer vergeblich, umsonst, wertlos ist, fehlt im MT völlig. Es ist eben kein Kavaliersdelikt, Gottes Wort durch menschliche Erfindungen zu ergänzen und damit letztlich außer Kraft zu setzen. Er wandte sich damit scharf gegen die mündlichen Überlieferungen der Ältesten, deren zwar aufrichtiges Bemühen um ein konsequentes Glaubensleben lobenswert war, denen aber jegliche göttliche Legitimation fehlte. Gottes Wort bedarf keiner Zusätze, und wir sollen es auch nicht strenger fassen, als Er es tat, noch dürfen wir es aufweichen, wie es heute üblich geworden ist.

Wer macht Mann und Frau zu einem Fleisch?

Das nächste Beispiel wird in fast allen Übersetzungen falsch (bzw. ungenau) übersetzt; es geht um das Geheimnis der Ehe und warum sie unauflöslich ist:

„Habt ihr nicht gelesen, dass der Schöpfer sie am Anfang als Mann und Frau erschuf und sprach: »*Darum wird ein Mann Vater und Mutter verlassen und **an seine Frau gefügt werden;**[29] und die zwei werden ein Fleisch sein*«*? So sind sie nicht mehr zwei, sondern ein Fleisch. Was nun Gott zusammengefügt hat, das soll der Mensch nicht scheiden!"* (Matthäus 19,4-6).

Es geht um das Passiv an dieser Stelle. Leider wird das auch in der LXX-deutsch, die ich sonst zitiere, nicht so wiedergegeben, wenn es um den Ausgangstext in Genesis geht. So entsteht der falsche Eindruck, die Ehe sei ein rein menschliches Unternehmen. Tatsächlich wird sowohl im Griechischen der LXX als auch des Matthäusevangeliums das Passiv gebraucht. Jemand anders macht Mann und Frau zu einem Fleisch!

Erst dann macht die Schlussfolgerung des Herrn Sinn: *„Was nun **Gott** zusammengefügt hat, das soll der Mensch nicht scheiden."* Das ist zentral für das Argument des Herrn, und es gründet auf der LXX. Im MT ist es kein Passiv.

Die Kinder jubeln dem Herrn zu

Als der Herr in Jerusalem einzog und den Tempel reinigte, begannen Kinder den Herrn zu loben:

„Als aber die obersten Priester und die Schriftgelehrten die Wunder sahen, die er tat, und die Kinder, die im Tempel riefen und sprachen: Hosianna dem Sohn Davids!, da wurden sie entrüstet und sprachen zu ihm: Hörst du, was diese sagen?

---

[29] Ich habe die Schlachter2000 hier nach dem griechischen Text korrigiert.

Jesus aber sprach zu ihnen: Ja! Habt ihr noch nie gelesen: »Aus dem Mund der Unmündigen und Säuglinge hast du ein Lob bereitet«?" (Matthäus 21,15-16).

„Aus dem Mund von Unmündigen und Säuglingen **hast du dir ein Lob bereitet.***"* (Psalm 8,3-LXX).	*„Aus dem Mund von Kindern und Säuglingen* **hast du eine Macht gegründet.***"* (Psalm 8,3-MT)

Indem der Herr Jesus fragt: *„Habt ihr noch nie gelesen?"*, setzt Er offenbar voraus, dass die Priester und Schriftgelehrten die LXX kannten, bzw. den hebräischen Wortlaut, der dieser zugrunde liegt. Das ist keine Kleinigkeit in meinen Augen.

Er wird nicht im Grab verwesen

50 Tage nach der Auferstehung, als der Geist Gottes über die Gemeinde ausgegossen wurde, stellte sich Petrus an einen öffentlichen Platz und hielt eine flammende Predigt. Darin zitierte er folgende Prophezeiung:

„Ihn hat Gott auferweckt, indem er die Wehen des Todes auflöste, weil es ja unmöglich war, dass Er von ihm festgehalten würde. David nämlich sagt von ihm: »Ich sah den Herrn allezeit vor mir, denn er ist zu meiner Rechten, dass ich nicht wanke. Darum freute sich mein Herz, und meine Zunge frohlockte; zudem wird auch mein Fleisch auf Hoffnung ruhen; denn du wirst meine Seele nicht dem Totenreich preisgeben und nicht zulassen, dass dein Heiliger die Verwesung sieht. Du hast mir die Wege des Lebens gezeigt; du wirst mich mit Freude erfüllen vor deinem Angesicht!«" (Apostelgeschichte 2,24-28).

„Ich sah den Herrn stets vor mir, denn er steht zu meiner Rechten, damit ich nicht wanke. Darum freute sich mein Herz, und es jubelte meine Zunge, auch noch mein Fleisch wird in Hoffnung wohnen, denn du wirst meine	*„Ich stell den Ewgen immer hin vor mich, denn (ist) er zu meiner Rechten, wank ich nicht. Drum freut mein Herz sich, jubelt auf mein Stolz, und auch mein Leib kann sicher ruhn. Denn du*

Seele nicht der Unterwelt preisgeben noch zulassen, **dass dein Frommer die Vernichtung** *[bzw. Verwesung]* **sieht.** *Du hast mir die Wege des Lebens kundgetan; Du wirst mich mit Freude erfüllen mit deinem Angesicht, Wonnen sind zu deiner Rechten für immer."* (Psalm 15[16],8-11-LXX)	*lässt dem Scheol[30] nicht meine Seele,* **lässt deinen Frommen nicht die Grube schaun.** *Du kündest mir des Lebens Weg, der Freuden Fülle ist vor deinem Angesicht, Beglückung, ewiglich, in deiner Rechten."* (Psalm 16,8-11-MT)[31]

Man kann es leicht überlesen, denn die meisten christlichen Bibelübersetzungen folgen hier der LXX, obwohl sie sonst dem MT treu bleiben, weil es so eine wichtige Prophezeiung ist. Das Grab (die Grube) hat der Herr Jesus nämlich sehr wohl gesehen, aber eben nicht die Verwesung. Also zitierte Petrus hier mitten in Jerusalem die LXX, um die so unglaubliche Auferstehung des Herrn aus den Schriften zu beweisen. Dazu gab es aus der Menge keinen Widerspruch, da jeder wusste, dass es so dastand.

Das hebräische Wort (שחת shachath) hat die Doppelbedeutung von Grab und Verwesung, aber die jüdischen Übersetzer der griechischen Psalmen entschieden sich für Verwesung statt für Grab. Eine Fügung? Jedenfalls gilt hier, wie bei der Jungfrau in Jesaja 7,14, dass die Übersetzer eine Entscheidung trafen, die uns den ursprünglichen prophetischen Sinn erhalten hat, den Petrus hier nun zur Geltung bringen konnte.

Die Heiden suchen Gott

An und für sich ist es nicht verwunderlich, dass in der Apostelgeschichte und den Briefen praktisch durchgehend die LXX zitiert wird. Darum will

---

[30] Scheol = das Totenreich
[31] Zitiert nach der jüdischen Übersetzung von Naftali Herz Tur-Sinai

ich nur mehr drei Beispiele bringen, wo man es überhaupt nicht erwarten würde.

Zu den größten Herausforderungen der jungen Kirche gehörte die „Heidenfrage". Können Nichtjuden gleichberechtigte Mitglieder der Gemeinde werden? Müssen sie wie alle Juden beschnitten werden, um errettet zu werden. In Apostelgeschichte 15 gehen diesbezüglich die Wogen ziemlich hoch. Nachdem Petrus, Paulus und Barnabas von ihren Erfahrungen in der Mission berichteten, stand Jakobus auf. Er war wohl der jüdischste der Judenchristen, auf den sich alle beriefen, welche den Nichtjuden das ganze Gesetz aufbürden wollten. Er schlug die Schrift auf:

„Und damit stimmen die Worte der Propheten überein, wie geschrieben steht: »Nach diesem will ich zurückkehren und die zerfallene Hütte Davids wieder aufbauen, und ihre Trümmer will ich wieder bauen und sie wieder aufrichten, damit die Übriggebliebenen der Menschen den Herrn suchen, und alle Heiden, über die mein Name ausgerufen worden ist, spricht der Herr, der all dies tut.«" (Apostelgeschichte 15,15-17).

„»An jenem Tag werde ich aufstellen die eingefallene Hütte Davids und werde ihre Ruinen wieder aufbauen und ihre Trümmer wieder aufstellen, und ich werde sie wieder aufbauen ganz wie in den Tagen der Vorzeit, sodass **die Übriggebliebenen der Menschen** *und alle Völker, über denen mein Name ausgerufen ist, sie* **aufsuchen** *werden«, spricht der Herr, der dies macht."* (Amos 9,11-12-LXX).	*„An jenem Tag will ich die zerfallene Hütte Davids wieder aufrichten und ihre Risse vermauern und ihre Trümmer wiederherstellen und sie wieder bauen wie in den Tagen der Vorzeit, so dass sie* **den Überrest Edoms in Besitz nehmen** *werden und alle Heidenvölker, über die mein Name ausgerufen worden ist, spricht der Herr, der dies tut."* (Amos 9,11-12-MT).

Das ist überraschend anders. Worauf beruhen diese Unterschiede? Die hebräischen Wörter für „aufsuchen" und für „in Besitz nehmen" unterscheiden sich nur in einem Buchstaben: יִרְשׁוּ yireshu = in Besitz nehmen, יִדְרְשׁוּ yidreshu, = aufsuchen. Ein Dalet mehr und das Wort bedeutet etwas ganz anderes. Es ist wahrscheinlicher, dass es ausgelassen wurde, als dass es hinzugefügt wurde. Warum Edom statt Menschen? Weil Edom und Adam exakt dieselben Konsonanten haben, die Vokale kamen in der hebräischen Schrift erst im 8. Jahrhundert n.Chr. dazu. Es sind also Kleinigkeiten, die beim Korrekturlesen einer Abschrift sehr leicht übersehen werden können. Der Sinn ist im MT ein völlig anderer als in der LXX, doch der „Superjude" Jakobus zitiert nach der LXX (oder deren hebräischer Vorlage, die ihm von Kindheit an vertraut war). Und das mitten in Jerusalem, wo unsere romantische Israel-Vorstellung nichts als das reine Hebräisch erwartet.

Die Diskussion endete mit der Feststellung:

„Es hat nämlich dem Heiligen Geist und uns gefallen, euch keine weitere Last aufzuerlegen, außer diesen notwendigen Dingen, dass ihr euch enthaltet von Götzenopfern und von Blut und vom Erstickten und von Unzucht; wenn ihr euch davor bewahrt, so handelt ihr recht." (Apostelgeschichte 15,28-29).

Ausdrücklich bezeugt die Schrift, dass die Beratungen vom Heiligen Geist geleitet waren; so war auch Er es, der den prophetischen Text nach der LXX beglaubigte und autorisierte, der diese so schwerwiegende Frage ein für allemal beantwortete.

Die Hebräer lasen griechisch

Als letztes Beispiel noch zwei Zitate aus dem Hebräerbrief. Gerade bei diesem Brief würde man erwarten, dass alle Schriftzitate mit dem MT übereinstimmen, wenn dieser tatsächlich die treue Überlieferung des

Wortes Gottes ist. Tatsächlich folgen auch sie alle der LXX. Und hier geht es immer ganz zentral um den Herrn Jesus:

„Und wenn er den Erstgeborenen wiederum in die Welt einführt, spricht er: »Und alle Engel Gottes sollen ihn anbeten!«" (Hebräer 1,6).

„Freut euch, ihr Himmel, zusammen mit ihm, und alle Söhne Gottes [=Engel] sollen sich vor ihm niederwerfen! [=anbeten]. Freut euch, ihr Volksstämme, zusammen mit seinem Volk, und alle Engel Gottes sollen für ihn stark werden, denn für das Blut seiner Söhne und Töchter wird Strafe verhängt, und er wird Strafe verhängen und den Feinden mit rechtmäßiger Strafe vergelten, und denen, die ihn hassen, wird er es vergelten, und der Herr wird das Land seines Volkes reinigen. " (Deuteronomium 32,43-LXX)	*„Jubelt, ihr Heiden, seinem Volk zu! Denn Er wird das Blut seiner Knechte rächen und seinen Feinden vergelten; aber für sein Land und sein Volk wird er Sühnung schaffen!"* (Deuteronomium 32,43-MT)

Hier geht es um das Kommen des Herrn zum Gericht (*„wenn er den Erstgeborenen wieder in die Welt einführt")*, und wir sehen, dass der MT viel kürzer ist an dieser Stelle als die LXX. Gerade zu dieser wichtigen Prophezeiung hat der Herr in Qumran aber ein hebräisches Fragment bewahrt (4Q44Deutq), das mit der LXX übereinstimmt und so bestätigt, dass die Vorlage, welche die 72 Schriftgelehrten vor sich hatten, den Text so hatte, wie er im Hebräerbrief zitiert wird.

Da der Brief aber in Griechisch verfasst war, waren auch die Adressaten (die „Hebräer") des Griechischen mächtig und haben wohl auch die LXX gelesen oder zumindest gekannt, sodass sie die Zitate einwandfrei nachvollziehen und bestätigen konnten.

Einen Leib hast du mir gegeben

Nun zur letzten Stelle, die ich vorstellen möchte. Auch sie nimmt unter den messianischen Prophetien eine Schlüsselposition ein:

„Darum spricht er bei seinem Eintritt in die Welt:»Opfer und Gaben hast du nicht gewollt; einen Leib aber hast du mir bereitet. An Brandopfern und Sündopfern hast du kein Wohlgefallen. Da sprach ich: Siehe, ich komme – in der Buchrolle steht von mir geschrieben –, um deinen Willen, o Gott, zu tun!«" (Hebräer 10,5-7)

„Opfer und Darbringung hast du nicht gewollt, doch **einen Leib[32] hast du mir bereitet;** *Ganzbrandopfer und Sündopfer hast du nicht verlangt. Dann sprach ich: Siehe, ich komme, in einer Buchrolle steht von mir geschrieben; deinen Willen, mein Gott, zu tun, das habe ich mir vorgenommen."* (Psalm 39[40],7-9-LXX)	*„Opfer und Gaben hast du nicht gewollt;* **Ohren aber hast du mir bereitet;** *Brandopfer und Sündopfer hast du nicht verlangt. Da sprach ich: Siehe, ich komme, in der Buchrolle steht von mir geschrieben; deinen Willlen zu tun, mein Gott, begehre ich."* (Psalm 40,7-9-MT)

Das ganze Argument des Hebräerbriefs baut darauf auf, dass Christus seinen Leib als vollkommenes Opfer darbrachte, weil alle anderen Opfer ungenügend sind. Mit dem MT geht das nicht, denn die Botschaft dort ist letztlich „Gehorsam ist besser als alle Opfer", weshalb der Psalmist Ohren bekommen hat, um das Gesetz zu hören und zu befolgen.

Warum aber heißt es dann *„in der Buchrolle steht von mir geschrieben"* und nicht *„in der Buchrolle steht für mich geschrieben (was ich tun soll)"*? Der

---

[32] Die LXX-Handschriften sind hier uneinheitlich, aber Leib ist gut bezeugt und lag offenbar auch dem Hebräerbrief vor.

64

Hebräerbrief erkennt aber hier die Rede des Herrn Jesus, der sich vor Gott bereit erklärt, das bessere Opfer in Seinem Leib darzubringen. Das geht nur mit der LXX. Die ganze messianische Beweisführung steht und fällt also mit der griechischen Übersetzung der Psalmen.

***

Das waren jetzt 11 aus rund 300 Beispielen für den Gebrauch der LXX im Neuen Testament, 11 von den wichtigsten Zitaten. Wir können die guten Gründe für die LXX nun noch um ein paar Punkte erweitern:

- **Das Alter:** Die Thora wurde von den Tempelrollen übersetzt (wie der Aristeasbrief berichtet), und diese sind die ältesten und zuverlässigsten Rollen des Gesetzes. Ich gehe davon aus, dass es dieselben Schriftrollen war, die Jeremia vor der Zerstörung durch die Babylonier gerettet und den verschleppten Juden übergeben hatte, die unter Esra nach Jerusalem zurückkamen und im neu errichteten Tempel aufbewahrt blieben.
- **Die Schrift:** Es handelt sich daher um Schriftrollen in der ursprünglichen althebräischen Schrift, ehe die Texte der Bibel nach und nach ins neue aramäische Schriftsystem übertragen wurden, wodurch diese noch frei von etwaigen späteren Übertragungsfehlern waren.
- **Die Übersetzer** waren Profis. Es handelte sich um ausgewählte, erfahrene Schriftgelehrte, welche die hebräische Sprache noch zuverlässig beherrschten.
- **Die Vokale:** Hebräisch wurde ohne Vokale geschrieben, weshalb man mit den Texten gut vertraut sein musste, um sie richtig zu lesen; man musste sie von Kindesbeinen an immer und immer wieder gehört haben. Griechisch wird mit Vokalen geschrieben, steht also viel weniger in der Gefahr missverstanden zu werden.

Damit bewahrt die LXX das Wissen der alten Schriftgelehrten um die zuverlässige Bedeutung und Leseweise des hebräischen Textes.

- **Die Anerkennung:** Die LXX wurde von der ganzen jüdischen Gemeinde begeistert angenommen und als genau und zuverlässig bestätigt. Sie wurde zur autoritativen Bibelausgabe aller Juden in der Diaspora und ebenso der griechischsprachigen Juden in Judäa.

- **Die Vernichtung der Ausgangstexte unter Antiochos** führte zu einer Verwirrung in den Textformen; zusammen mit der Aufsplitterung des Judentums in der Hasmonäerzeit in konkurrierende Sekten kann man keinen letztgültigen hebräischen Text mehr feststellen.

- **Der Gebrauch der LXX vom Herrn Jesus und Seinen Aposteln** im Neuen Testament beweist, dass dieser Text vom Herrn selbst beglaubigt ist und im gesamten Neuen Testament durch die Inspiration des Heiligen Geistes als bestätigt angesehen werden muss.

- **Die Beglaubigung des Herrn Jesus als Messias** hängt immer wieder von den prophetischen Texten ab, die sich in Ihm erfüllt haben. Häufig sind dabei LXX-Zitate ausschlaggebend, die vom MT abweichen, der diese Deutung nicht zuließe.

Doch das ist noch nicht alles.

Die LXX ist deutlich messianischer

Das Neue Testament zitiert selbst nur einen Ausschnitt aus der ganzen Fülle mehrerer hundert messianischer Prophetien. Dass die LXX gewaltige Voraussagen enthält, die im MT so nicht enthalten sind, sollte jeden Liebhaber Gottes sehr neugierig machen. Ich will es kurz machen und ein paar Gustostücke präsentieren:

Der Segen für Juda

Jakob prophezeite, dass der Messias aus dem Stamm Juda komme:

*„Nicht wird weichen von Juda der Fürst und von seinen Hüften der Herrscher, **bis das, was für ihn aufbewahrt ist, kommt, und er selbst ist die Erwartung der Volksstämme.**"* (Genesis 49,10-LXX)	*„Es wird das Zepter nicht von Juda weichen, noch der Herrscherstab von seinen Füßen, **bis der Schilo kommt, und ihm werden die Völker gehorsam sein.**"* (Genesis 49,10-MT)

Aus Juda soll der Messias kommen. Kommt Er als Eroberer (MT) oder als lang ersehnter Retter (LXX)? Die LXX macht Mut, auf Mission zu gehen und den Völkern vom „Fürsten Judas" zu berichten, denn sie warten schon auf Ihn!

Was ist für den Fürsten aufbewahrt, das kommen würde? Das Königtum, das damals noch weit in der Zukunft lag. Nun aber ist Er zur Rechten Gottes und sagt:

„Mir ist gegeben alle Macht im Himmel und auf Erden. So geht nun hin und macht zu Jüngern alle Völker, und tauft sie auf den Namen des Vaters und des Sohnes und des Heiligen Geistes und lehrt sie alles halten, was ich euch befohlen habe." (Matthäus 28,18-20).

Hiob: Der Herr hat dies für mich vollbracht

*„Denn ich weiß, dass der immerwährend ist, der mich befreien wird auf der Erde. Meine Haut, die solches geduldig ertrug, **möge er auferstehen lassen**. Denn **vom Herrn ist dies für mich vollbracht**, dessen ich mir bei mir selbst bewusst bin, das mein Auge gesehen hat und kein anderes Auge. Und alles ist für mich vollendet in meiner Brust."* (Hiob 19,25-27-LXX)	*„Ich weiß, dass mein Erlöser lebt, und zuletzt wird er sich über den Staub erheben. Und nachdem diese meine Hülle zerbrochen ist, dann werde ich, **von meinem Fleisch los, Gott schauen;** ja, ich selbst werde ihn schauen, und meine Augen werden ihn sehen, ohne ihm fremd zu sein. Danach sehnt sich mein Herz in mir!"* (Hiob 19,25-27-MT)

Der Inhalt zwischen MT und LXX ist zwar ähnlich, aber es gibt bemerkenswerte Unterschiede. Im MT will Hiob den Herrn *„frei von seinem Fleisch"* schauen, in der LXX erwartet er eine leibliche Auferstehung. Diese Hoffnung beruht in der LXX darauf, dass die *„vom Herrn für mich vollbracht ist"*, und wir wissen im Licht des Kreuzes, was darunter zu verstehen ist.

Hände und Füße durchbohrt

Am Kreuz begann der Herr Jesus den bekannten Leidenspsalm Davids zu beten. Er tat dies in Seiner aramäischen Muttersprache, doch nicht alle, die Seiner Kreuzigung beiwohnten, verstanden Ihn. *„Ruft er etwa den Elia?"* Ich will auf einen Vers aus dem Psalm hinweisen, der im Neuen Testament nicht zitiert wird, aber sehr deutlich ist:

*„Denn umschlossen haben mich viele Hunde, die Versammlung der Übeltäter hat mich umgeben, **durchstochen***	*„Sie haben mich umstellt wie Leuen, der Übeltäter Bande mich umringt wie Löwen, **Hände mir und Füße.**"*

haben sie meine Hände und Füße." (Psalm 21[22],17-LXX)	(Psalm 22,17(16)-MT)[33]

Ich finde es befremdlich, dass praktisch alle deutschen Bibelübersetzungen (auch die vielgerühmte King James Bible) an dieser Stelle der LXX folgen, oft ohne das wenigstens in der Fußnote anzumerken. Natürlich will man sich so eine klare Beschreibung der Kreuzigung nicht entgehen lassen – nur steht sie im MT einfach nicht da. Es fällt auch schwer, im MT einen Sinn in dieser Stelle zu erkennen – sie ist einfach unverständlich. Der Unterschied im hebräischen Text liegt an einer Buchstabenverwechslung (Wav mit Jod: כארו caaru, sie durchbohrten, כארי caari, wie ein Löwe), die in der aramäischen Schrift sehr ähnlich sind. Mit dem althebräischen Text wäre das nicht passiert. Kleiner Fehler – große Wirkung. Weil das so offensichtlich ist, folgen die allermeisten Bibelübersetzungen hier der LXX.

Nagelt mein Fleisch an!

In den Psalmen finden wir viele messianische Prophezeiungen oder Anspielungen. Diese ist besonders auffällig:

„Nagle aus Furcht vor dir mein Fleisch an; denn aufgrund deiner Urteile bin ich in Furcht geraten." (Psalm 118[119],20-LXX)	*„Mein Fleisch schaudert aus Furcht vor dir,* und ich habe Ehrfurcht vor deinen Bestimmungen!" (Psalm 119,20-MT)

Lieber angenagelt werden als zu sündigen, ist eine Anspielung darauf, dass unser Fleisch mit Christus gekreuzigt wurde. Die Nägel sind der große Unterschied zwischen LXX und MT, doch erst im Licht des Kreuzes wird der Sinn klar.

---

[33] Nach Naftali Herz Tur-Sinai

Der Herr gab Ihn für unsere Sünden

Die Beschreibung des leidenden Gottesknechtes gehört zum Grundwissen jedes Christen, der sich mit den Prophezeiungen über Christus befasst hat:

*„Dieser trägt unsere Sünden und leidet um unsertwillen. Und wir urteilten über ihn, dass er in Not, unter einem Unglücksschlag und im Elend sei. Er aber wurde verwundet um unserer Gesetzlosigkeiten willen und ist gebrechlich gemacht um unserer Sünden willen: Unsere Erziehung zum Frieden ruht auf ihm, durch seine Strieme wurden wir geheilt. Wir alle gingen wie Schafe in die Irre, jeder Mensch ging auf seinem Weg in die Irre; und **der Herr übergab ihn für unsere Sünden.**"* (Jesaja 53,4-6-LXX)	*„**Fürwahr, er hat unsere Krankheit getragen** und unsere Schmerzen auf sich geladen; wir aber hielten ihn für bestraft, von Gott geschlagen und niedergebeugt. Doch er wurde um unserer Übertretungen willen durchbohrt, wegen unserer Missetaten zerschlagen; die Strafe lag auf ihm, damit wir Frieden hätten, und durch seine Wunden sind wir geheilt worden. Wir alle gingen in die Irre wie Schafe, jeder wandte sich auf seinen Weg; aber **der Herr warf unser aller Schuld auf ihn.**"* (Jesaja 53,4-6-MT).

Die Unterschiede sind auffällig, aber der Fairness muss ich sagen, dass Jesaja 53,4 zu den wenigen Versen gehört, wo das Zitat im Neuen Testament mit dem MT übereinstimmt. Doch davon abgesehen ist es beklemmend zu sehen, wie Gott offenbar Gefallen daran hatte, Seinen Sohn zu zerschlagen (etwas weiter unten):

*„Aber **der Herr will ihn reinigen von dem Unglücksschlag.**"* (Jesaja 53,10-LXX)	*„Aber **dem Herrn gefiel es, ihn zu zerschlagen**; er ließ ihn leiden."* (Jesaja 53,10-MT)

Das Bild, das der MT uns vor Augen malt, ist verstörend. Ist Gott wirklich so? Die LXX betont mehr die Hingabe des Sohnes Gottes für unsere Sünden, nicht dass Gott Ihn aktiv selbst für unsere Sünden zerschlagen hätte. Im Gegenteil: Er will Ihn von diesem Unglücksschlag reinigen (auferwecken und wiederherstellen).

Und ich werde ihn aufhängen

Durch den Propheten Hesekiel erfahren wir folgendes:

„Deshalb sagt dies der Herr: Und ich selbst werde nehmen von den ausgewählten Zweigen der Zeder, vom Gipfel ihres Herzens werde ich abknicken und auf einen hohen Berg einpflanzen. **Und ich werde ihn aufhängen auf einem hochragenden Berg Israels** *und ihn einpflanzen, und er wird einen Spross treiben und Frucht bringen und wird zur großen Zeder werden, und es wird unter ihm ruhen jedes Tier, und jeder Vogel wird in seinem Schatten ruhen, und seine Zweige werden wiederhergestellt werden. Und alle Bäume des Feldes werden erkennen, dass ich der Herr bin, der einen hohen Baum erniedrigt und einen niedrigen Baum erhöht und einen grünen Baum zum Verdorren bringt und einen dürren Baum wieder*	*„So spricht Gott, der Herr: Ich will auch einen Schößling vom Wipfel des hohen Zedernbaumes nehmen und will ihn einsetzen. Von dem obersten seiner Schößlinge will ich ein zartes Reis abbrechen und will es auf einem hohen und erhabenen Berg pflanzen. Auf dem hohen Berg Israels will ich es pflanzen, damit es Zweige treibe und Früchte bringe und zu einem prächtigen Zedernbaum werde, dass allerlei Vögel und allerlei Geflügel unter ihm wohnen und unter dem Schatten seiner Äste bleiben können. Und alle Bäume des Feldes sollen erkennen, dass ich, der Herr, den hohen Baum erniedrigt und den niedrigen Baum erhöht habe; dass ich den grünen Baum verdorren ließ und den dürren Baum zum Grünen brachte. Ich, der Herr, habe es gesagt und werde es*

sprießen lässt. Ich, der Herr, habe es gesagt und werde es tun." (Hesekiel 17,22-24-LXX).	*auch ausführen."* (Hesekiel 17,22-24-MT)

Was fehlt im MT? Dass der Baum „aufgehängt" wird – das ist schon eine eigenartige Aussage in Bezug auf Bäume. Das macht doch keiner! Doch dieses Wort für aufhängen ist dasselbe, das im Neuen Testament auch für die Kreuzigung gebraucht wird, zum Beispiel in einer Predigt des Petrus:

*„Und wir sind Zeugen alles dessen, was er im Land der Juden und in Jerusalem getan hat. Ihn haben sie getötet, indem sie ihn ans Holz **hängten.**"* (Apostelgeschichte 10,39).

In dieser Gleichnisrede verheißt der Prophet Hesekiel also die Wiederherstellung des Königtums Davids, der jedoch die Kreuzigung des Messias vorausgehen müsse. Erst nach der Auferstehung tritt das Reich Gottes in Kraft in Erscheinung. Unser Herr Jesus greift das Bild vom schattenspendenden Baum in seinen Reden auf:

„Ein anderes Gleichnis legte er ihnen vor und sprach: Das Reich der Himmel gleicht einem Senfkorn, das ein Mensch nahm und auf seinen Acker säte. Dieses ist zwar unter allen Samen das kleinste; wenn es aber wächst, so wird es größer als die Gartengewächse und wird ein Baum, so dass die Vögel des Himmels kommen und in seinen Zweigen nisten." (Matthäus 13,31-32).

Wer möchte nicht in Seinem Schatten ruhen oder in Seinen Zweigen nisten?

Gott verkündet den Christus

Folgendes lesen wir bei Amos:

*„Denn, siehe: Ich bin es, der den Donner stark macht und den Wind erschafft und **den Menschen seinen***	*„Denn siehe, der die Berge bildet und den Wind schafft und den Menschen wissen lässt, was seine Gedanken sind,*

Gesalbten (Christus) verkündigt, der das Morgenlicht und den Nebel macht und auf die Höhen der Erde tritt. Der Herr, der Gott, der Allherrscher ist sein Name." (Amos 4,13-LXX)	*der das Morgenrot und das Dunkel macht und einherschreitet über die Höhen der Erde – Herr, Gott der Heerscharen ist sein Name.*" (Amos 4,13-MT)

Gott lässt uns nicht nur Seine Gedanken wissen (MT), sondern Er verkündet den Christus (LXX). Seine Gedanken sind ja höher als unsere, aber in Christus wurde Er für uns greifbar und nahbar. Der Messias fehlt hier im MT.

Das Wort Gottes in Sandalen

Die folgende Stelle ist sehr anschaulich:

„*Vor ihm wird ein **Wort** gehen, und es wird hinausgehen, in Sandalen stecken seine Füße.*" (Habakuk 3,5-LXX)	„*Vor ihm her geht die **Pest**, und die **Fieberseuche folgt ihm auf dem Fuß.**" (Habakuk 3,5-MT).*

Was soll man dazu sagen? Der Herr Jesus jedoch trug tatsächlich Sandalen, und Johannes der Täufer meinte, er sei nicht würdig, Ihm die Sandalen aufzubinden. Wir haben sofort Bilder von dem im Kopf, der das Wort Gottes ist, und als Mensch auf unseren staubigen Straßen wanderte. Der MT ist jedoch völlig anders.

***

Diese Beispiele mögen genügen und Lust auf mehr machen. Es gibt noch mehr!

Die LXX bietet einfach mehr!

Die griechischen Schriften, welche die Juden in ihren Synagogen sammelten, waren mehr als die hebräischen, denn nun wurde Gott vorwiegend in Griechisch gelobt, und auch die Weisen dachten vermehrt in dieser Sprache über Gottes Wort nach. So wuchs das Wort Gottes weiter, auch in den Tagen der Hasmonäer, bis Christus, das letzte Wort Gottes (Hebräer 1,1), kommen sollte.

Wir sprechen hier nicht über das Gesetz – denn zu diesen fünf Büchern durfte man nichts hinzufügen. Auch geht es bei den späteren Schriften nicht um die Propheten, denn auch die Propheten waren seit Maleachi eine abgeschlossene Sammlung. Es geht um die übrigen Schriften, um Weisheits- und Geschichtsliteratur, die zur guten Lebensführung, zur Gottesliebe und zur Verbundenheit mit Gottes Volk in seiner bewegten Geschichte anleiten sollten. Es geht also nicht um Texte, die wesentliche Lehren begründen, sondern die bestehenden vertiefen. Man kann sie auch als „Erbauungsliteratur" bezeichnen. Dennoch enthalten sie, wie alle anderen Schriften der Bibel, klare Hinweise auf den Messias. Eine kurze Vorstellung dieser Bücher soll dein Interesse nach mehr wecken:

Tobit und das himmlische Jerusalem

Das Buch Tobit ist das älteste der späteren Schriften und wurde ursprünglich in Hebräisch geschrieben. Es handelt von der Familie des gottesfürchtigen Tobits aus dem Stamm Naphtali, der im 8. Jahrhundert vor Christus aus dem Nordreich Israels in die assyrische Verbannung nach Ninive geriet. Eine zentrale Rolle spielt darin der Engel Rafael, der Tobits Sohn Tobias auf einer Reise begleitet und ihm hilft, seine Frau zu gewinnen, deren bisherigen Heiratspläne stets von einem Dämon durchkreuzt wurden. Am Ende lobt Tobit Gott und hat dabei eine prophetische Schau:

„Ein helles Licht wird leuchten bis an alle Grenzen der Erde. Viele Völker werden kommen von ferne zu dir und die Bewohner von allen Enden der Erde zu deinem heiligen Namen, und ihre Geschenke werden sie in ihren Händen halten für den König des Himmels. Die fernsten Geschlechter werden in dir Jubellieder singen und den Namen des Auserwählten für die Geschlechter auf ewig preisen." (Tobit 13,11).

Dieses Licht ist natürlich der Messias, und durch Ihn werden auch die Völker der Welt errettet werden.

„Meine Seele, preise den Herrn, den großen König. Denn Jerusalem wird erbaut werden, die Stadt des Hauses Gottes in alle Ewigkeiten. Selig werde ich sein, wenn der Rest meines Samens ersteht, zu sehen deine Herrlichkeit und zu danken dem König des Himmels.

Und die Tore Jerusalems werden mit Saphir und Smaragd erbaut werden und mit Edelstein all deine Mauern. Die Türme Jerusalems werden mit Gold erbaut werden und ihre Zinnen mit reinem Gold. Die Plätze Jerusalems werden mit Rubin gepflastert werden und mit Ophirstein.

Und die Tore Jerusalems werden Jubellieder sprechen und alle seine Häuser werden sprechen: »Halleluja. Gepriesen ist der Gott Israels.« Und als Gesegnete werden sie den heiligen Namen preisen bis in alle Ewigkeit und weiterhin." (Tobit 13,15-18).

Hier nimmt Tobit vorweg, was wir in Offenbarung 21,10-17 lesen, das himmlische Jerusalem, das vom Himmel auf die Erde kommt. Abgesehen von diesen prophetischen Ausblicken ist das Buch vor allem wegen der Lebensbeschreibung und des Glaubens Tobits eine wertvolle Lektüre. Auch ist es tröstlich zu wissen, dass Gott selbst die Gläubigen aus dem Nordreich nicht verlassen hat, von denen wir sonst nicht mehr viel hören.

Judith: Gott wird die Kriege zerbrechen

Das Buch Judith berichtet über einen Angriff der Perser auf eine Stadt in Israel, nachdem die Juden aus dem babylonischen Exil zurückgekehrt waren (Judith 5,19). Der Heerführer Holofernes wurde dabei durch eine List von der schönen Judith getötet, und die Juden wurden gerettet. Was viele irritiert ist, dass der feindliche König Nebukadnezar genannt wird und dass er in Ninive residierte, doch das ist mit Sicherheit gleichnishaft gemeint, um die Bosheit und den Hochmut des Feindes zu beschreiben: Nebukadnezar als (längst verstorbener) König der Babylonier und Ninive als (damals bereits zerstörte) Hauptstadt der Assyrer – beides mächtige Feinde Israels, und nun die dritte Großmacht, die Perser, die sie bedrängen. Die Angreifer werden aber pauschal als Assyrer bezeichnet, die wohl die grausamste Großmacht war. Diese Anspielungen und gleichnishaften Bezeichnungen stellen für manche eine Hürde dar, dieses Buch historisch ernst zu nehmen. Ich denke, diese Zusammenfassung macht deutlich, worum es eigentlich geht:

„Das Buch lebt jedoch nicht von historischer Exaktheit, sondern von einem weit gespannten Beziehungsgeflecht zu anderen biblischen Büchern. Die Titelheldin Judit (der Name bedeutet nur: „Jüdin") trägt Züge von Mirjam (Ex 15), Debora und Jaël (Ri 4-5) und der klugen Frau von Abel Bet-Maacha (2Sam 20,14ff.). Wie David dem Goliat (1Sam 17), schlägt sie ihrem Gegner das Haupt mit dessen eigenem Schwert ab. Die Erzählung steht damit in einem breiten Traditionsstrom jüdischer Literatur, die die älteren, autoritativen Schriften auf eine veränderte Gegenwart hin auslegt."[34]

Judith ist daher eher der Weisheitsliteratur als der Geschichtsliteratur zu-zurechnen, obwohl es auf wahre Ereignisse zurückgeht. Die Abfassungs-zeit ist ungewiss, aber es ist naheliegend, dass es vor der Zeit Alexanders

---

[34] https://www.die-bibel.de/ressourcen/bibelkunde/bibelkunde-at/judit-jdt

des Großen spielte, denn die Griechen wurden zu einer noch größeren Bedrohung. Ein wesentliches Detail ist wichtig, welches die Vorlage der LXX bestätigt, als Judith betet:

„Denn siehe, die Assyrer haben mit ihrer Streitmacht überhandgenommen, sie haben sich gebrüstet mit Ross und Reiter, sie haben geprahlt mit dem Arm ihrer Fußtruppen, sie haben ihre Hoffnung gesetzt auf Schild und Wurfspieß und Bogen und Schleuder und haben nicht erkannt, dass du der Herr bist, der Kriege zerschlägt. »Herr« ist dein Name." (Judith 9,7-8)

Damit zitiert sie im Gebet Exodus 15, als Moses nach dem Durchzug des Roten Meeres Gott lobte:

*„Der Herr ist jemand, **der die Kriege zerschlägt**, Herr ist sein Name."* (Exodus 15,3-LXX)	*„Der Herr ist **ein Kriegsmann**, Herr ist sein Name."* (Exodus 15,3-MT)

Somit bestätigt Judith, dass der MT vom ursprünglichen Text abweicht, den die LXX jedoch treu bewahrt hat. Die Botschaft ist wichtig, denn Gott hasst Kriege und will die Kriege beenden. Wir erwarten deshalb ein messianisches Friedensreich, wo die Schwerter zu Pflugscharen geschmiedet werden und die Speere zu Rebmessern (Jesaja 2,4).

Makkabäer: Das Volk Gottes unter Verfolgung

Die insgesamt vier[35] Bücher der Makkabäer waren stets eine große Ermutigung für verfolgte Christen. In keiner anderen Schrift wird die kollektive Not des Volkes Gottes in seinem Bemühen um ein geheiligtes Leben so hautnah und detailliert beschrieben. Ansonsten sehen wir nämlich nur einzelne Fromme leiden, oder Gottes Volk aufgrund seiner Sünden in

---

[35] In katholischen Bibeln sind die ersten beiden davon enthalten, die LXX hat alle vier.

Bedrängnisse geraten. Hier ist es anders. Es geht um Verfolgung aufgrund der Glaubenstreue.

Zeitlich ist **das dritte Makkabäerbuch** das erste, wo es um die Verfolgung unter Ptolemaios IV. Philometer geht. Gottes Volk, wohl im Glauben erstarkt durch die jüngst erfolgte Übersetzung der Thora ins Griechische, widerstand mutig der Zwangshellenisierung und stand kurz vor der Vernichtung (in Ägypten), doch Gott bewahrte Sein Volk. Für uns scheint mir ein Aspekt der Forderungen des griechischen Königs bedeutsam (wir haben es schon weiter oben einmal zitiert):

„Die Erfassten müssten auch durch Feuer mit dem Abzeichen des Dionysos, einem Efeublatt, am Leib gekennzeichnet werden." (3. Makkabäer 2,29).

Es war ein Brandmal als Zeichen der Unterwerfung unter die griechische Lebensart; Dionysus war der Familiengott der Ptolemäer, und auch der König selbst trug dieses Zeichen.

Das erinnert an das Malzeichen des Tieres in der Offenbarung:

„Und es bewirkt, dass allen, den Kleinen und den Großen, den Reichen und den Armen, den Freien und den Knechten, ein Malzeichen gegeben wird auf ihre rechte Hand oder auf ihre Stirn, und dass niemand kaufen oder verkaufen kann als nur der, welcher das Malzeichen hat oder den Namen des Tieres oder die Zahl seines Namens." (Offenbarung 13,16-17).

Das griechische Wort für dieses Brandmal ist mit dem für das Malzeichen des Tieres verwandt, sodass dieser Text uns einen Hinweis gibt, wie es unter dem Antichristen sein wird. Nein, es ist kein RFID-Chip, den man *unter* der Haut trägt, sondern ein deutlich sichtbares Zeichen *auf* der Haut.

Das erste Makkabäerbuch stellt uns die wichtige Frage, ob wir mit der neuen Zeit gehen oder Gottes Wort die Treue halten sollen. Das ist nämlich mühsam und bringt uns nicht unbedingt Vorteile in der Gegenwart. Darum argumentierten die griechisch gesinnten Juden:

„Wir wollen hingehen und mit den Völkern um uns herum ein Bündnis schließen, denn seitdem wir uns von ihnen absonderten, ist viel Unheil über uns gekommen." (1. Makkabäer 1,11).

Wer kennt diesen Streit unter Christen heute nicht? *„Wir müssen mehr mit der Zeit gehen!"* Das zweite Vatikanische Konzil bemühte sich darum, und es spaltete die Kirche in jene, die am alten Weg festhalten wollen (Erzbischof Lefebvre) und jene, denen beim Hinterherlaufen hinter der Welt mehr und mehr die Luft ausgeht. Auch wenn ich weder ein Katholik bin noch werden will, haben die Lefebvrianer meinen Respekt.

Gott gab dem Widerstandskampf der Makkabäer Seinen Segen und der entweihte Tempel konnte wieder eingeweiht werden. Das Chanukkafest, wo man dieser Wunder gedenkt, wird bis heute von den Juden freudig gefeiert. Auch unser Herr Jesus nahm daran teil (Johannes 10,22-23).

Das zweite Makkabäerbuch berichtet uns unter anderem von den Schicksalen einzelner Märtyrer, nämlich des greisen Eleazar und einer Mutter mit sieben Söhnen, die grausam zu Tode gefoltert wurden. Ganz zentral ist in ihrem Zeugnis das Bekenntnis zu Gott dem Schöpfer und der Glaube an die Auferstehung. Das schärfte die Mutter ihren Söhnen während des Prozesses und der Hinrichtung ein:

„Ich bitte dich, mein Kind, zu erkennen, wenn du zum Himmel hinaufschaust und hin auf die Erde und dabei alles in ihnen betrachtest, dass Gott diese nicht aus schon Bestehendem geschaffen hat, und so auch das Menschengeschlecht entsteht. Fürchte nicht diesen Henker, sondern nimm, deiner Brüder würdig, den Tod auf dich, damit ich dich mit deinen Brüdern in der Zeit der Barmherzigkeit [bei der Auferstehung] wiedererhalten werde." (2. Makkabäer 7,28-29).

Vergleicht man das mit dem Kapitel über die Glaubenshelden im Hebräer-brief, erkennt man deutliche Parallelen:

„Durch Glauben verstehen wir, dass die Welten durch Gottes Wort bereitet worden sind, so dass die Dinge, die man sieht, nicht aus Sichtbarem entstanden sind. ...

Andere aber ließen sich martern und nahmen die Befreiung nicht an, um eine bessere Auferstehung zu erlangen." (Hebräer 11,3 und 37).

Also durften die Märtyrer der Makkabäerzeit in der Auflistung der Glaubenshelden auch nicht fehlen. Seit jeher war ihr Zeugnis eine Ermutigung für die vielen Christen, denen in Verfolgungszeiten ähnliches widerfuhr.

Das vierte Makkabäerbuch ist eine „philosophische" Betrachtung der Ereignisse, geschrieben für Griechen, denen es um die Tugend ging. Der Autor führt darin aus, welche Kraft in einem gesunden Verstand und einer entschlossenen Glaubensgesinnung liegt, dass sie uns auch solch schwere Folterungen ertragen lässt. Ich finde das bemerkenswert, denn all diese Helden waren ja noch nicht durch den Heiligen Geist von neuem geboren (das gibt es erst im Neuen Bund) und überwanden durch den Glauben, aber in menschlicher Kraft, wobei Gott ihnen gewiss zur Hilfe kam. Sie waren aber natürliche Menschen.

„Da ich im Begriff bin, eine höchst philosophische Erörterung darzulegen, nämlich ob die gottesfürchtige Denkkraft Alleinherrscherin ist über die Leidenschaften, möchte ich euch aufrichtig raten, dass ihr bereitwillig aufmerkt auf die philoso-phische Darlegung. Denn unentbehrlich ist diese Erörterung zum Wissenserwerb für jeden, und sie enthält überdies ein Loblied auf die größte Tugend – ich spreche natürlich von der Klugheit." (4. Makkabäer 1,1-2).

Das Buch spornt uns in diesem Sinne in allen Bereichen unserer Nachfolge an, auch jene, die im Neuen Bund stehen und den Heiligen Geist empfangen haben, denn für diese gilt das noch viel mehr. Den Beweis für diese These liefert die Standhaftigkeit der Märtyrer in der Makkabäerzeit.

Darin flackert auch etwas auf, welches uns an den Herrn Jesus erinnert und Sein Opfer für uns deutet. Das waren die letzten Worte Eleazars bevor er den Folterqualen erlag:

„Du weißt, Gott, obgleich es mir freistand, mich zu retten, sterbe ich in feurigen Qualen um des Gesetzes willen. Sei gnädig deinem Volk, indem du an unserer Bestrafung stellvertretend für sie Genügen findest. Zu einem Reinigungsopfer für sie mache mein Blut, und als Ersatz für ihr Leben nimm mein Leben." (4. Makkabäer 6,27-29).

Das Unbequeme an 4. Makkabäer ist einzig, dass es uns jede Ausrede nimmt, in Versuchung schwach zu werden und dem Fleisch nachzugeben. Es ist eine gewaltige Herausforderung und Ermutigung.

Die meisten Protestanten rümpfen über die Makkabäer die Nase, weil sie annehmen, darin werde **die Fegefeuerlehre** begründet. Um sich davon und von der katholischen Kirche insgesamt abzugrenzen, die sich in dieser Lehre ausdrücklich auf 2. Makkabäer beruft, verwerfen sie in Bausch und Bogen *alle* Spätschriften, sodass ihnen all das Gute darin entgeht. Aber stimmt das überhaupt?

Die Fegefeuerlehre entstand erst im 4. Jahrhundert n.Chr. und ist ziemlich kompliziert. Es geht darum, dass die Schuld unserer Sünde in zwei Kategorien eingeteilt wird: zeitliche und ewige Konsequenzen. Für die ewigen Konsequenzen (die Hölle) habe Christus am Kreuz gesühnt, die zeitlichen Konsequenzen (Wiedergutmachung) hätten wir selbst zu tragen. Darum gibt es das Sakrament der Buße (Beichte), wo der Priester die „Pönitenten" zwar losspricht, sie aber dann 10 Vater Unser (oder mehr oder weniger) zur Wiedergutmachung beten lässt. Darum hat sich bei einfachen Katholiken der Gedanke eingeschlichen, Gebet sei eine Strafe (*„Oje, musst' wieder beten gehen?"*). All das, was nicht durch solche Bußübungen getilgt wurde (weil man zu wenig oft beichten war), oder weil man zu wenige gute Werke als Gegengewicht vorweisen kann, muss im „Purgatorium" (Fegefeuer, Reinigungsort) nachgebracht werden. Wie lange man dort schmort, weiß keiner, und davor fürchten sich die Katholiken, denn es soll sehr unangenehm sein. Darum werden Messen gelesen als Wiedergutmachung für die Armen Seelen, aber keiner weiß, wie viele nötig sind, um die Seelen aus dem Fegefeuer zu befreien. Kurz, es ist sehr kompliziert, aber auch ein gutes Geschäft, denn die Seelenmessen kosten etwas.

Was aber geschah bei den Makkabäern? Nach einer siegreichen Schlacht fiel Judas Makkabäus auf, dass diejenigen Juden, die gefallen waren, Amulette eines Götzen um den Hals trugen:

„Sie fanden aber bei jedem der Toten unter den Unterkleidern Amulette der Götzen von Jamneia, die das Gesetz den Juden verbietet. Damit wurde allen klar, dass diese aus diesem Grund gefallen waren. Alle priesen also die Werke des gerecht richtenden Herrn, der das Verborgene offenbar macht, und wandten sich zu einer Fürbitte, wobei sie baten, dass die entstandene Verfehlung völlig abgewischt werde. Der edle Judas aber ermahnte die Menge, darauf zu achten, dass sie ohne Sünde seien, nachdem sie mit eigenen Augen gesehen hatten, was wegen der Sünde der Gefallenen geschehen war. Er aber führte Mann für Mann eine Kollekte durch und sandte an die 2000 Silberdrachmen nach Jerusalem, um ein Sündopfer darzubringen. Damit handelte er sehr schön und klug, da er sich Gedanken über die Auferstehung machte. Wenn er nämlich nicht erwartet hätte, dass die Gefallenen auferstehen, wäre es überflüssig und läppisch gewesen, für die Toten zu beten." (2. Makkabäer 13,40-44).

Was unterscheidet dieser Bericht von der katholischen Fegefeuerlehre?

- Es war noch im Alten Bund, ehe Christus das letzte und vollkommene Sündopfer darbrachte.
- Die Sünde war sehr konkret und offensichtlich.
- Es gibt keine Spekulationen über einen „Zwischenort", es geht um die Auferstehung zum ewigen Leben.
- Mit *einem* Sündopfer galt die Sache als erledigt.
- Es war allgemein kein Brauch unter den Juden, für verstorbene Sündopfer darzubringen, geschweige denn immer und immer wieder.

Nachdem die Kirche die Fegefeuerlehre entwickelt hatte, suchte sie geradezu krampfhaft eine Bibelstelle, die dazu passt, die sie als Beleg anführen können. Das war diese, und so wurde das kirchliche Tradition, die jedoch dem Gesamtzeugnis der Schrift deutlich widerspricht.

Ist es andererseits verboten, für Verstorbene zu beten? *Gewiss nicht!* Aber wir müssen auch zur Kenntnis nehmen, dass der barmherzige Gott das letzte Wort über diese spricht. Die gefallenen Juden kämpften immerhin für Gott und glaubten an Ihn, aber sie waren in ihrem Denken auch ein wenig dem Aberglauben verfallen. Als Ungläubige werden sie nicht bezeichnet. Auch unser Leben als Christ ist immer wieder „durchwachsen", aber für lebenslang Gleichgültige und Gottlose nützen auch 1000 Seelenmessen nichts, da es ohne Glauben unmöglich ist, Gott zu gefallen (Hebräer 11,6). Das System, dass die Kirche entwickelt hat, vermittelt hier einen falschen Eindruck und ist sehr spekulativ. Wer im Unglauben stirbt, über den kann man nur mehr Tränen vergießen, denn hier gibt es keine Hoffnung mehr.

Tobit, Judith und Makkabäer sind vor allem historische Bücher und sollen auch so gelesen und verstanden werden. Wir sollen aus der Geschichte lernen, wie auch aus allen anderen historischen Texten der Bibel, aber sie sind nicht dazu gedacht, Lehren zu begründen in dem Sinn, dass wir die Entscheidung oder Handlung eines Menschen in einer bestimmten Situation zur absoluten Norm erheben und diese in gesetzlicher Weise nachahmen. Es gilt aber, was Paulus uns sagt:

„Alle diese Dinge aber, die jenen widerfuhren, sind Vorbilder, und sie wurden zur Warnung für uns aufgeschrieben, auf die das Ende der Weltzeiten gekommen ist. Darum, wer meint, er stehe, der sehe zu, dass er nicht falle!" (1. Korinther 10,11-12).

Sirach: Die Jugend im Glauben stark machen

Zu den Spätschriften gehört auch Weisheitsliteratur, die das Augenmerk auf einen gottesfürchtigen Lebenswandel legt. Sirach war ein Bibellehrer in Jerusalem, als der Hellenismus gerade alle Gemüter verwirrte. Zwischen 190 und 175 v.Chr. verfasste er ein Lehrbuch für die Jugend in hebräischer Sprache. Das war ein paar Jahrzehnte vor den Wirren der Makkabäerzeit und trug sicher dazu bei, den Glauben der Gottesfürchtigen zu stärken. Sein Enkel übersetzte es nach dem Sieg der Makkabäer um 130 v.Chr. ins Griechische. Wir finden viele Anklänge daraus im Neuen Testament wieder. Ich will mich mit drei Beispielen begnügen:

„Schwatze nicht in der Menge der Ältesten, und wiederhole nicht ein Wort in deinem Gebet." (Sirach 7,14).

„Und wenn ihr betet, sollt ihr nicht plappern wie die Heiden; denn sie meinen, sie werden erhört um ihrer vielen Worte willen." (Matthäus 6,7).

Darum ist das Wiederholen von Gebeten (wie im Sakrament der Buße oder im Rosenkranz) eindeutig nicht im Sinne Gottes.

„Vergib das Unrecht deinem Nächsten, damit du, wenn du betest, von deinen Sünden erlöst wirst. Ein Mensch – einem Menschen gegenüber bewahrt er Zorn,

und beim Herrn sucht er Heilung? Gegenüber einem Menschen – wie er – hat er kein Erbarmen, aber wegen seiner eigenen Sünden bittet er?" (Sirach 28,2-4).

„Denn wenn ihr den Menschen ihre Verfehlungen vergebt, so wird euer himmlischer Vater euch auch vergeben. Wenn ihr aber den Menschen ihre Verfehlungen nicht vergebt, so wird euch euer Vater eure Verfehlungen auch nicht vergeben." (Matthäus 6,14-15).

Täuschen wir uns nicht, das gilt tatsächlich! Wie schwerwiegend ist das?

„Verliere dein Silber an Bruder und Freund, aber nicht soll es rosten unter dem Stein bis zur Vernichtung. Richte dir deinen Schatz ein gemäß den Geboten des Höchsten, und er wird dir mehr einbringen als Gold." (Sirach 29,10-11).

„Willst du vollkommen sein, so geh hin, verkaufe, was du hast, und gib es den Armen, so wirst du einen Schatz im Himmel haben; und komm, folge mir nach!" (Matthäus 19,21).

„Euer Gold und Silber ist verrostet, und ihr Rost wird gegen euch Zeugnis ablegen und euer Fleisch fressen wie Feuer. Ihr habt Schätze gesammelt in den letzten Tagen!" (Jakobus 5,3).

Ich habe mich immer gefragt, woher Jakobus die Idee hat, dass Gold und Silber rosten könnten – es sind doch Edelmetalle! Aber das hat bereits Sirach gesagt, der uns schon vor dem Herrn Jesus lehrte, Schätze im Himmel zu sammeln, die nicht der Rost frisst.

Das Buch Sirach ist ein wunderbares Buch, aus dem man enorm viel für das praktische Leben lernen kann. Ein Verlust ist es für jeden, der es nicht kennt.

Weisheit Salomos

Salomo war der weiseste Mann auf Erden, heißt es. Sind nach seinem Tod die Juden gewissermaßen wieder auf die Bäume geklettert? Mitnichten! Sie haben diese Weisheit bewahrt und vertieft. Darum heißt das zeitlich letzte Buch der Spätschriften „Weisheit Salomos", weil es genau das ist: Bewahrung und Vertiefung dessen, was der König Israels bereits gelehrt hat. Geschrieben wurde es wohl in der Mitte des zweiten Jahrhunderts v.Chr. als apologetische Schrift (Glaubensverteidigung) in bereits sehr griechisch geprägtem Umfeld. Es ist sehr klar in seinen Darlegungen, und erstaunlich aktuell, denn es gab unter den Griechen eine ähnlich materialistische und hoffnungslose Sicht des Lebens wie heute:

„Sie sagten nämlich zueinander – sie dachten nicht richtig! –: Kurz ist und traurig unser Leben, und es gibt keine Heilung beim Ende eines Menschen, und man kennt keinen, der je aus der Unterwelt befreit hat. Denn durch Zufall sind wir entstanden, und nach diesem Leben werden wir sein wie solche, die nicht existiert haben. Denn Rauch ist der Atem in unserer Nase, und das Denken ein Funke beim Schlag unseres Herzens; verlöscht er, wird der Leib zu Asche zerfallen, und der Geist wird verwehen wie dünne Luft." (Weisheit 2,1-3).

Das Buch Weisheit enthält eine der deutlichsten Prophezeiungen über den Herrn Jesus und Seine Kreuzigung:

„Lasst uns dem Gerechten auflauern, denn er ist für uns nutzlos und steht unserem Tun im Weg und wirft uns Verfehlungen gegen das Gesetz vor und sagt uns Verfehlungen nach gegen unsere Erziehung. Er versichert, Gotteserkenntnis zu besitzen, und nennt sich Knecht [bzw. das Kind] des Herrn. Er wurde uns zu einer ständigen Anklage unserer Denkweisen, er ist uns schwer erträglich, sobald wir ihn nur erblicken. Denn unähnlich ist sein Leben dem der anderen, und ganz verschieden von ihnen sind seine Pfade. Als Falschgeld wurden wir von ihm eingeschätzt, und er hält sich von unseren Wegen fern wie von Unreinheiten. Die letzten Dinge von Gerechten preist er glücklich, und prahlt, Gott sei sein Vater. Wir wollen sehen, ob seine Worte wahr sind, und erproben, wie es mit ihm ausgeht. Wenn nämlich der Gerechte wirklich Gottes Sohn ist, wird er sich seiner annehmen

und ihn retten aus der Hand seiner Gegner. Durch Erniedrigung und Folter wollen wir ihn prüfen, um seine Milde kennenzulernen und seinen Gleichmut auf die Probe zu stellen. Zu einem schändlichen Tod wollen wir ihn verurteilen – es wird nämlich seine Heimsuchung stattfinden nach seinen Worten." (Weisheit 2,12-20).

Das 1. Buch Esdras: Wer ist Serubbabel?

Die Bücher Esra (= Esdras) und Nehemia sind in der LXX (wie auch im jüdischen Kanon) ein einziges Buch. Dafür gibt es das 1. Buch Esdras, das im wesentlichen eine zweite Fassung des Buches Esra ist (wie auch die Bücher der Chronik eine Zweitfassung der Königsbücher sind), aber mit der Vorgeschichte über Serubbabel und einer Wiederholung der Geschichte über Josias bis zur Zerstörung des Tempels. Damit bietet dieses Buch eine harmonische Überleitung von den Königsbüchern zu den Geschichten über Esra und Nehemia.

Serubbabel ist ein direkter Vorfahr des Herrn Jesus und stammt aus dem Haus Davids. Es muss uns doch interessieren, was für ein Mensch das war. Bei einem Festmahl des Königs Dareios wollte dieser durch einen Wettstreit ermitteln, wer unter seinen Leibwächtern der weiseste sei. Aus diesem Wettkampf trat Serubbabel als Sieger hervor. Es ging um die Frage, wer die meiste Macht hätte:

„Der eine schrieb: Am mächtigsten ist der Wein. Der andere schrieb: Am mächtigsten ist der König. Der Dritte schrieb: Am mächtigsten sind die Frauen, über alles aber siegt die Wahrheit." (1. Esdras 3,10-12).

Der Dritte war Serubbabel. Der erste Teil seiner Antwort war überraschend und auch belustigend, der zweite Teil aber profund. Er argumentierte:

„Männer, ist nicht groß der König, sind nicht zahlreich die Menschen und stark der Wein? Wer nun gebietet ihnen oder wer herrscht über sie? Sind es nicht die Frauen?

Die Frauen haben den König geboren und das ganze Volk, das herrscht über das Meer und das Land. Aus ihnen sind sie entstanden, auch haben sie diejenigen großgezogen, die die Weinberge anpflanzen, aus welchen der Wein entsteht. Sie fertigen die Kleider für die Menschen, sie schaffen den Menschen Ansehen, ja die Menschen können nicht existieren ohne die Frauen. Wenn sie aber Gold und Silber und jedweden schönen Gegenstand gesammelt haben und dann auch nur eine einzige schöne und gutaussehende Frau sehen, dann lassen sie all das liegen, dann gaffen sie sie an und betrachten sie mit offenem Mund, und alle ziehen sie dem Gold und Silber und jedwedem schönen Gegenstand vor. Ein Mensch verlässt seinen Vater, der ihn großgezogen hat, und die eigene Heimat und hängt an seiner eigenen Frau. Bei seiner Frau beschließt er auch sein Leben und denkt dabei weder an den Vater noch an die Mutter noch an die Heimat. Und von daher müsst ihr zur Kenntnis nehmen, dass die Frauen über euch herrschen. Strengt ihr euch nicht an und müht euch ab und übergebt und bringt alles den Frauen? Ein Mensch nimmt sein Schwert und bricht auf, um auszurücken und zu rauben und zu stehlen und aufs Meer zu segeln und auf Flüsse. Auch dem Löwen sieht er entgegen und geht im Dunkeln. Und wenn er gestohlen, geraubt und geplündert hat, bringt er's weg zu seiner Geliebten. Ja, ein Mensch liebt die eigene Frau mehr als Vater und Mutter. Und viele haben ihren Verstand verloren der Frauen wegen und sind ihretwegen zu Sklaven geworden. Viele sind zugrunde gegangen, zu Fall gekommen und haben sich vergangen der Frauen wegen.

Nun, glaubt ihr mir nicht? Ist der König nicht groß in seiner Macht? Scheuen sich nicht alle Länder, ihn auch nur anzurühren? Ich habe ihn und Apame gesehen, die Tochter des bewunderungswürdigen Bartakes, die Nebenfrau des Königs, wie sie zur Rechten des Königs saß, wie sie die Krone vom Kopf des Königs nahm und sich selbst aufsetzte und den König mit der Linken ohrfeigte. Und dabei betrachtete sie der König mit offenem Mund. Und wenn sie ihn anlacht, lacht er. Wenn sie aber böse ist auf ihn, schmeichelt er ihr, damit sie sich mit ihm versöhne. O Männer, wie sollten die Frauen nicht mächtig sein, da sie doch so handeln?

Darauf blickten der König und die Vornehmen einander an.

Und er begann zu reden über die Wahrheit: Männer, sind die Frauen nicht mächtig? Groß ist die Erde, hoch der Himmel, schnell im Lauf die Sonne, denn sie bewegt sich am Himmel im Kreise und läuft innerhalb eines Tages zurück an ihren Ort. Ist nicht groß, wer solches tut?

Doch ist die Wahrheit groß und mächtiger als alles. Die ganze Erde ruft die Wahrheit und der Himmel preist sie und alle Werke der Schöpfung zittern und beben, und es ist an ihr nichts Ungerechtes.

Ungerecht ist der Wein, ungerecht der König, ungerecht die Frauen, ungerecht alle Menschenkinder und ungerecht all ihre Werke, alles Derartige. In ihnen ist keine Wahrheit, und sie gehen an ihrer Ungerechtigkeit zugrunde.

Die Wahrheit aber bleibt und ist mächtig in Ewigkeit, und sie lebt und herrscht in alle Ewigkeit. Bei ihr gibt es kein Ansehen der Person noch Unterschied, sondern sie tut, was gerecht ist, fern allem Ungerechten und Bösen. Und alle haben Wohlgefallen an ihren Werken, Und an ihrem Urteil ist nichts Ungerechtes. Ihr gehören die Macht und die Herrschaft und die Vollmacht und die Größe aller Ewigkeiten. Gepriesen sei der Gott der Wahrheit! Und er hörte auf zu reden. Und das ganze Volk erhob darauf die Stimme, und sie sagten darauf: Groß ist die Wahrheit und sie ist am mächtigsten!" (1. Esdras 4,14-41).

Was sagte er über die Wahrheit? Sie lebt und herrscht in Ewigkeit – unser Herr Jesus sagte: *„Ich in die Wahrheit."* (Johannes 14,6).

Jeremia und Baruch

Das Buch Jeremia ist in der LXX etwas kürzer, und die Kapitel sind anders (zeitlich stimmiger) angeordnet. Die Übersetzer gingen offenbar von einer anderen Sammlung der jeremianischen Texte aus als dem MT zugrunde-liegen. In Qumran fand man aber hebräische Fragmente, die mit der LXX übereinstimmen (4Q71[b]) und bezeugen, dass es tatsächlich eine andere hebräische Vorlage gab.

Daneben gibt es in der LXX noch je einen Brief von Jeremia und von Baruch. In Baruchs Brief finden wir folgende Prophezeiung:

„Dieser ist unser Gott, kein anderer wird neben ihm anerkannt werden. Er hat den ganzen Weg des Wissens entdeckt und ihn Jakob, seinem Knecht, und Israel, seinem Liebling, gegeben. Danach erschien sie [die Weisheit = Jesus Christus] auf Erden und wandelte unter den Menschen." (Baruch 3,36-38).

Daniel und Esther

Diese beiden Bücher sind in der LXX länger als im MT. Zu Daniel kommen noch die Erzählung von Susanna und von Bel und dem Drachen, Episoden aus dem Leben Daniels, die in der heutigen hebräischen Fassung fehlen.

Viele irritiert beim Buch Esther nach dem MT, dass dort Gott gar nicht vorkommt und auch keine Gebete darin enthalten sind. Das ist in der LXX anders, sodass das Buch hier deutlich geistlicher und erbaulicher ist. Das Buch Esther gibt es, wie auch das Buch Daniel in zwei griechischen Fassun-gen. In einer Esther-Fassung gibt es am Ende einen Hinweis auf die Quelle dieses Textes:

„Im vierten Jahr der Regierung des Ptolemaios und der Kleopatra überbrachten Dositheos, der behauptete, ein Priester und Levit zu sein, und Ptolemaios, sein Sohn, den vorliegenden Phrurai[Purim]-Brief. Sie sagten von ihm, er sei echt und

Lysimachos, Sohn des Ptolemaios, von denen in Jerusalem, habe ihn übersetzt.“ (Esther F,11).

Hiob

Das Buch Hiob ist etwas kürzer (oder kompakter) als im MT und bietet am Ende eine wichtige Information, wer Hiob war, die im MT nicht enthalten ist:

„Dies ist übersetzt aus dem syrischen Buch. Er wohnte in dem Land Ausitis an den Grenzen Idumäas und Arabiens, früher aber hatte er den Namen Jobab. Nachdem er aber eine arabische Frau genommen hatte, zeugte er einen Sohn mit Namen Ennon, er selbst aber hatte als Vater den Zare, einen Sohn der Söhne Esaus, und als Mutter Bosorra, sodass er der fünfte von Abraham an war. Und dies sind die Könige, die in Edom herrschten, über welches Land er selbst auch herrschte. Als erster Balak, der Sohn des Beor, und der Name seiner Stadt war Dennaba, und nach Balak Jobab, genannt Job. Und nach diesem Asom, der erste Herrscher aus dem thaimanitischen Land. Und nach diesem Adad, Sohn des Barad, der Madiama fällte in der Ebene Moabs, und der Name seiner Stadt war Geththaim. Die Freunde aber, die zu ihm gekommen waren, waren: Eliphas von den Söhnen Esaus, König der Thaimaner, Baldad, der Alleinherrscher der Sauchäer, und Sophar, der König der Minäer.“ (Hiob 42,17b-e).

Somit können wir das Buch zeitlich und regional einordnen, aber eben nur mit der LXX, die sich eines syrischen Textes als Vorlage bediente. Er war demnach der Nachfolger Balaks als Edoms König und somit ein Zeitgenosse von Josua, lebte also um 1.400 v.Chr.

Das Gebet des Manasse

Wir lesen von der erstaunlichen Umkehr des götzendienerischen Königs Manasse und seinem Gebet in den Chronikbüchern:

„Die übrigen Begebenheiten von Manasses, sein Gebet zu Gott und die Worte der Seher,[36] *die im Namen des Herrn, des Gottes Israels, zu ihm geredet haben, siehe, sie finden sich in den Worten seines Gebets, auch wie er ihn erhört hat; und alle seine Sünden und sein dauernder Abfall sowie die Orte, an denen er die Kulthöhen erbaut und dort die Haine und geschnitzten Bildnisse errichtet hatte, bevor er umkehrte, siehe, es ist aufgeschrieben in den Geschichten der Seher."* (2. Chronik 33,18-19).

Nach dem MT scheint es, als sei dieses Gebet verlorengegangen, doch in der LXX blieb es erhalten. Es ist ein wunderbares Gebet für jeden, der über seine eigene Sünde erschüttert ist und dem vor dem heiligen Gott die Worte fehlen, um seine Reue zum Ausdruck zu bringen. Es ist tröstlich zu wissen, dass Gott sogar einem Manasse, der der schlimmste aller bösen Könige Israels war, vergeben hat.

Das Gebet des Manasse ist ein Teil der Oden in der LXX, einer Sammlung der biblischen Lieder neben den Psalmen.

Psalm 151

In den Psalmen der LXX gibt es noch einen 151. Psalm, der Davids Salbung zum König und dessen Sieg über Goliath besingt. Erst seit den Schriftfunden aus Qumran wissen wir, dass es dazu tatsächlich eine hebräische Vorlage gab (11Q5).

„Klein war ich unter meinen Brüdern und der Jüngste im Hause meines Vaters; ich weidete die Schafe meines Vaters. Meine Hände stellten ein Instrument her, meine Finger fügten eine Harfe zusammen. Und wer wird meinem Herrn verkünden? Der Herr selbst, er hört es an. Er sandte seinen Boten aus, nahm mich weg von den Schafen meines Vaters und salbte mich mit dem Öl seiner Salbung. Meine Brüder waren schön und groß, und doch fand der Herr kein Gefallen an

---

[36] Seher = ältere Bezeichnung für Propheten

ihnen. Ich zog aus zur Begegnung mit dem Andersstämmigen, und er verfluchte mich mit seinen Götterbildern. Ich aber riss das Schwert, das er bei sich hatte, an mich, schlug ihm den Kopf ab und nahm so die Schmach weg von den Söhnen Israels." (Psalm 151).

(Psalm 151 aus Qumran)[37]

Zusammengefasst

Folgende Bücher gibt es zusätzlich der LXX, die im MT fehlen:

- Statt Esra und Nehemia 1. und 2. Esdras
- Tobit
- Judith
- 1. Makkabäer

---

[37] https://otstory.wordpress.com/wp-content/uploads/2009/03/psalm-151-a-and-b.jpg

93

- 2. Makkabäer
- 3. Makkabäer
- 4. Makkabäer
- Weisheit Salomos
- Weisheit Sirach (auch: Jesus Sirach)
- Brief des Jeremia
- Brief des Baruch
- Gebet des Manasse (in den Oden)

Diese 11 Bücher ergeben mit den 39 anderen 50 Bücher, zusammen mit dem NT (27) sind es 77 Bücher insgesamt, statt nur 66, wenn man dem MT folgt.

Dies waren die Schriften, die von den griechischsprachigen Christen anerkannt waren, offenbar auch von den Essenern (denn man findet zumindest von einigen davon Fragmente in den Höhlen von Qumran), und die zumindest allen Juden bekannt waren. Die Sadduzäer hielten nur die Thora für verbindlich, die Pharisäer waren bezüglich der späteren Schriften uneinig, wie wir im nächsten Kapitel sehen werden. Paulus schrieb an Timotheus, der mit der LXX aufgewachsen ist:

„Du aber bleibe in dem, was du gelernt hast und was dir zur Gewissheit geworden ist, da du weißt, von wem du es gelernt hast, und weil du von Kindheit an die heiligen Schriften kennst, welche die Kraft haben, dich weise zu machen zur Errettung durch den Glauben, der in Christus Jesus ist. Alle Schrift ist von Gott eingegeben und nützlich zur Belehrung, zur Überführung, zur Zurechtweisung, zur Erziehung in der Gerechtigkeit, damit der Mensch Gottes ganz zubereitet sei, zu jedem guten Werk völlig ausgerüstet." (2. Timotheus 3,14-17).

Die späteren Schriften haben offensichtlich denselben Nutzen wie die übrigen. Ich meine, sie sind ebenso von Gottes Geist eingegeben und zeigen uns den Herrn Jesus, zum Teil überraschend deutlich.

Die Bibel der Pharisäer

Wie kommen wir aber zum MT? Warum haben alle unsere deutschen Bibeln (auch die katholischen, die aber die Spätschriften beinhalten) den MT als Grundlage? Die Antwort wird dich überraschen und vielleicht auch ganz leicht erzürnen. Bevor wir das der Reihe nach durchgehen, wiederhole ich noch einmal, in welche Gruppen das Judentum zur Zeit des Herrn Jesus zersplittert war:

- Da gab es die breite Masse der **Diasporajuden,** die vorwiegend griechisch sprachen und die LXX gebrauchten.
- Auch in Judäa und Galiläa gab es viele **griechischsprachige Juden.**
- Es gab **aramäischsprachige Juden,** die Targume benutzten, aramäische Übertragungen des Alten Testaments.
- Es gab die **Sadduzäer,** die nur die Thora anerkannten und vor allem mit dem Tempelpriestertum verbunden waren. Diese glaubten weder an die Auferstehung noch an die Engel und waren sehr diesseitig und politisch orientiert.
- Es gab die **Pharisäer,** deren Einstellung zum Kanon schwankte, die sich schließlich aber (darum geht es in diesem Kapitel) auf den Kanon des MT festlegten. Pharisäer und Sadduzäer rangen um die Vormachtstellung im Sanhedrin, dem Hohen Rat der Juden.
- Es gab die **Essener,** für die der Tempel und der Gottesdienst so verdorben war, dass sie sich von allem zurückzogen und abgesonderte Gemeinschaften bildeten. Die bekannteste war in Qumran, doch es gab sie in ganz Israel, auch in Jerusalem.
- Nicht erwähnt habe ich bisher die **Zeloten,** die durch einen gewaltsamen Umsturz die Römer vertreiben und einen messianisch-jüdischen Staat errichten wollten. Messias war für sie der, der das auch zuwege bringt – die Erfüllung der prophetischen Kriterien war da eher Nebensache.

- Zuletzt gab es die breite Masse der „Normalos", die ihren jüdischen Glauben mehr oder weniger konsequent lebten und sich keiner dieser Gruppen zugehörig fühlten. Viele davon erlebten durch die Predigten Johannes des Täufers eine geistliche Erneuerung und warteten gespannt auf den Messias.

Hinzu kamen nun die Nachfolger Jesu, die sich anfangs nur aus Juden rekrutierten und sich auch als konsequentes messianisches Judentum verstanden, aber vom Hohen Rat recht bald blutig verfolgt wurden. Freunde wurden sie keine mehr, obwohl Paulus uns mahnt:

„Hinsichtlich des Evangeliums sind sie zwar Feinde um euretwillen, hinsichtlich der Auserwählung aber Geliebte um der Väter willen. Denn Gottes Gnadengaben und Berufung können ihn nicht reuen. Denn gleichwie auch ihr einst Gott nicht geglaubt habt, jetzt aber Barmherzigkeit erfahren habt um ihres Unglaubens willen, so haben auch sie jetzt nicht geglaubt um der euch erwiesenen Barmherzigkeit willen, damit auch sie Barmherzigkeit erfahren sollen. Denn Gott hat alle miteinander in den Unglauben verschlossen, damit er sich über alle erbarme." (Römer 11,28-32).

Weil Gottes Hand den Juden gegenüber versöhnlich ausgestreckt bleibt, müssen es auch unsere Hände und Herzen sein und bleiben. Auch wenn die Juden, besonders die Pharisäer, sehr viel falsch gemacht haben, wie wir sehen werden, sollen wir es ihnen nicht nachtragen, uns aber auch von ihren Irrtümern nicht mit in die Irre führen lassen.

Die große Katastrophe

Die Zeloten zettelten tatsächlich eine große Revolte gegen die Römer an, an der sich viele beteiligten, denn die Erwartung eines messianischen Befreiers brannte in den meisten Herzen des Volkes Gottes, doch den wahren Messias hatten sie verworfen und kreuzigen lassen. Mit dem Schwert soll das Reich Gottes herbeigeführt werden.

Der Jüdische Krieg brach 66 n.Chr. aus und endete in einer furchtbaren Niederlage. Die Gelegenheit zum Aufstand schien „geopolitisch" günstig, wie Flavius Josephus, selbst ein Augenzeuge der Ereignisse, zusammenfasst:

„Zu jener Zeit, wo die erwähnte überaus gewaltige Bewegung eintrat, war im römischen Reiche gar manches faul, und da nun gerade mitten in jenen wirren Verhältnissen das neuerungssüchtige Element unter den Juden, das über die besten Streitkräfte und Geldquellen verfügte, sein Haupt erhob, so kam es soweit, dass in dem ungeheuren Durcheinander die einen sogar ihre Augen auf den Besitz des Orients richten konnten, die anderen dagegen mit dem Gedanken an seinen Verlust sich vertraut machen mussten. Denn einerseits erwarteten es sich die Juden, dass unsere gesamte Stammverwandtschaft jenseits des Euphrat sich wie ein Mann mit ihnen erheben würde, indes die Römer von ihren gallischen Nachbarn in Atem gehalten wurden, und auch die Masse der eigentlichen Keltenvölker in Gärung kam, bis endlich die Verwirrung nach dem Tode Neros eine allgemeine wurde, und die günstige Gelegenheit viele verleitete, ihre Hand sogar nach der Kaiserkrone auszustrecken, während das Militär schon wegen der Hoffnung auf Beutegewinn sich nach Umwälzungen sehnte." (Jüdischer Krieg I,4-5).

Doch es kam nicht so wie erträumt. Die Römer erwiesen sich als stärker als erwartet und die Juden als uneiniger als erhofft. Nach Anfangserfolgen in Galiläa fanden sie sich schließlich in Jerusalem, umzingelt von den Legionen Roms, ganz so, wie der Herr Jesus es vorausgesagt hat:

„Und als er näher kam und die Stadt sah, weinte er über sie und sprach: Wenn doch auch du erkannt hättest, wenigstens noch an diesem deinem Tag, was zu deinem Frieden dient! Nun aber ist es vor deinen Augen verborgen. Denn es werden Tage über dich kommen, da deine Feinde einen Wall um dich aufschütten, dich ringsum einschließen und von allen Seiten bedrängen werden; und sie werden

dich dem Erdboden gleichmachen, auch deine Kinder in dir, und in dir keinen Stein auf dem anderen lassen, weil du die Zeit deiner Heimsuchung nicht erkannt hast!" (Lukas 19,41-44).

Kaum jemand konnte aus der Stadt entweichen. Es herrschte bald eine schreckliche Hungersnot. Einem führenden Pharisäer jedoch gelang die Flucht aus dem Kessel. Jochanan ben Sakkai, ein führendes Mitglied des Hohen Rats, stellte sich tot und ließ sich von zwei seiner Schüler aus der Stadt tragen. Er sollte eine große Rolle bei der Neuordnung des Judentums spielen.

Die geschwächte Stadt wurde schließlich gestürmt und die Einwohner und Verteidiger niedergemetzelt. Angeblich gegen den Befehl des römischen Feldherrn warf ein Legionär eine Fackel in den Tempel, der sodann ein Raub der Flammen wurde. Jerusalem war gefallen, im Jahr 70 n.Chr., ziemlich genau 40 Jahre nach der Kreuzigung des Herrn. Ein Überrest der Zeloten hielt noch drei Jahre lang auf der Festung Masada aus. Kurz bevor diese endgültig fallen sollte, begingen die Verteidiger kollektiven Selbstmord.

Was nun? Ein Judentum ohne Tempel?

Der 9. Aw (Monat im jüdischen Kalender) ist bis heute ein Fast- und Bettag in Israel, an dem der Zerstörung des Tempels gedacht wird. Nach rabbinischer Überlieferung war es ebenso am 9. Aw als Nebukadnezzar den ersten Tempel zerstörte. Man könnte sagen, dass sie schon Erfahrung damit hatten, ein Glaubensleben ohne Tempel zu führen. Damals gewannen die Synagogen mehr und mehr an Bedeutung. Und diese waren auch jetzt der Ankerpunkt jüdischer Frömmigkeit. Bibellesen und Beten ersetzten die Tieropfer im Tempel – vorerst hoffte man, das sei nur vorübergehend, wie bei der ersten Tempelzerstörung. Aber Gott hatte andere Pläne, denn mit dem Opfer Christi und dem Inkrafttreten des Neuen

Bundes ist der steinerne Tempel heilsgeschichtlich obsolet geworden. Darum ist er auch bis heute nicht wieder aufgebaut worden.

Jochanan ben Sakkai ging nach Jamnia und sammelte dort die Schriftgelehrten und Obersten des Volkes, die noch übrig waren, um den Hohen Rat neu zu etablieren und zu beraten, wie es nun weitergehen solle. Jamnia wurde zum Zentrum des rabbinischen Judentums, das nun rein pharisäisch geprägt war. Mit der Zerstörung des Tempels waren die Sadduzäer bedeutungslos geworden, und die Essener, die sich auch am Aufstand beteiligten, verloren ihr Zentrum in Qumran, waren entweder zerstreut oder haben sich den Christen angeschlossen. Die Christen, die sich nicht am Aufstand beteiligt hatten, flohen vor der Einkesselung der Stadt aus Jerusalem nach Pella, weil sie das prophetische Wort des Herrn kannten und ernst nahmen. Nun war das offizielle Judentum in Judäa fest in der Hand der Pharisäer. Von Jamnia versuchten sie dann auch in die Diaspora hineinzuwirken.

Es begann die Zeit der Tannaiten (Lehrer), die nun daran gingen, die mündlichen Überlieferungen zu sammeln und nach und nach niederzuschreiben. Daraus wurde schließlich die Mischna, die um 200 n.Chr. fertiggestellt war. Der Talmud umfasst dann die Diskussionen über die Mischna. Diese sind für das Judentum heute die wichtigsten Schriften, die in der Praxis noch über dem Tanakh (dem Alten Testament) stehen.

Neben Jochanan ben Sakkai waren damals noch mehrere andere angesehene Lehrer in Jamnia tätig, unter anderem der weit geschätzte Rabbi Akiba ben Josef. Er war ein Schüler der strengeren pharisäischen Richtung, der von Hillel; und so setzte sich durch Rabbi Akiba die Schule Hillels gegen die liberalere Schule Schammais durch. Ein wichtiger Teil ihrer Mission war, das hebräische Erbe des Judentums wiederzubeleben und zu stärken. Es ging um die Festigung der religiösen und nationalen Identität.

Dabei verstieg sich besonders Rabbi Akiba in ein weiteres messianisches Abenteuer: Ein neuer Funken Hoffnung keimte auf, ein neuer messianischer Stern stand am Himmel: Simon Bar Kochba!

Der Bar Kochba Aufstand

Kaiser Hadrian benannte 130 n.Chr. die jüdische Hauptstadt, in der nun ein römisches Militärlager war, in „Aelia Capitolina" um – das war sehr schmerzhaft. Angeblich verfügte er auch ein Beschneidungsverbot. Als er die Region wieder verlassen hatte, brach im Jahr 132 daher ein neuer Aufstand aus, die Bar Kochba Revolte.

Er trat als Messias auf und wurde von Rabbi Akiba als solcher eifrigst beworben. Bei den Christen fand er keinen Anklang, weil die schon den wahren Messias hatten. So wandte sich Bar Kochba nicht nur gegen die Römer, sondern auch gegen die Christen, da sie seine Restaurationsbemühungen um einen mosaischen Gottesstaat nicht mittrugen. Die Christen hatten nämlich auch schon das Reich Gottes, welches nicht von dieser Welt und das Eigentliche ist. Interessanterweise dürfte bei der Verfolgung auch das Festhalten der Christen an der LXX eine Bedeutung gespielt haben, die bei den Pharisäern in Jamnia nun zusehends in Misskredit geriet. Der Zeitzeuge Justin der Märtyrer überliefert:

„Als aber der ägyptische König Ptolemäus eine Bibliothek einrichtete und die Schriftwerke aus aller Welt zusammenzubringen suchte, erfuhr er auch von diesen Prophezeiungen und wandte sich an den damaligen Judenkönig Herodes[38] mit der Bitte, ihm die prophetischen Bücher zu übersenden. Und der König Herodes schickte sie ihm, geschrieben in der obengenannten hebräischen Sprache. Weil aber ihr Inhalt den Ägyptern nicht verständlich war, ließ er ihn durch eine neue Ge-

---

[38] Das mit Herodes war ein Fehler Justins, denn Herodes kam erst 200 Jahre nach der Thora-Übersetzung der LXX an die Macht. Es war der Hohepriester Eleazar, der die Schriftrollen zur Verfügung stellte; aber sei's drum, das tut nichts zur Sache.

sandtschaft ersuchen, ihm Männer zu senden, die sie ins Griechische übertragen sollten. Das geschah, und nun blieben die Bücher auch bei den Ägyptern bis auf den heutigen Tag; außerdem befinden sie sich allerorten bei allen Juden, die aber, wenn sie darin lesen, ihren Sinn nicht verstehen; vielmehr halten sie uns für Gegner und Feinde und suchen uns, wenn sie können, gerade wie ihr zu töten und zu peinigen. Davon könnt ihr euch überzeugen; denn in dem unlängst geführten jüdischen Kriege hat Bar Kochba, der Anführer des jüdischen Aufstandes, die Christen allein zu schrecklichen Martern hinschleppen lassen, wenn sie Jesus Christus nicht verleugneten und lästerten.“ (1. Apologie, Kp. 31).

Die LXX spielte in der Judenmission nämlich eine wesentliche Bedeutung, u.a. die Prophezeiung von der Jungfrauengeburt (Jesaja 7,14).

Der als Guerillakrieg angelegte Aufstand hatte anfangs durchaus Erfolge zu verzeichnen, doch im Jahr 135 war er niedergeschlagen, und Rabbi Akiba wurde gefangengenommen, gefoltert und getötet. Er gilt bei den Juden bis heute als Märtyrer. Er war in der Zeit zwischen 70 und 130 wohl der einflussreichste Rabbi in Jamnia.

Diskussionen über die LXX

Das Judentum muss wieder hebräischer werden. Darum musste auch die hebräische Bibel wieder die einzige verbindliche Norm werden. Der Talmud gibt uns einen Einblick in die Diskussionen in Jamnia:

„Hebräisches in targumischer [aramäischer bzw. assyrischer] Sprache geschrieben, Targumisches in hebräischer Sprache geschrieben, und beides in althebräischer Schrift verunreinigen die Hände nicht; nur was in assyrischer Schrift, in Buchform und mit Tinte geschrieben ist!?“ (Megilla 8b,22)

Was meint der Fragesteller damit? Wenn eine Schriftrolle die Hände nicht verunreinigt, dann gilt sie als nicht inspiriert bzw. als nicht autoritativ. Wenn sie die Hände verunreinigt, dann ist die Schriftrolle heilig und als solche zur Verwendung in den Synagogen zugelassen. Das klingt seltsam, aber so ist es gemeint. Worum geht es? Um Schrift und Sprache! Ist es nicht seltsam, dass die althebräische Schrift verworfen wird? In dieser Schrift war ja das Original geschrieben! Nun aber sollen allein die Umschriften in die aramäische Schrift Gültigkeit haben.

„Nach R. Šimon b. Gamliél gehört ja dazu auch das Griechische!?" (Megillah 9a,4).

Der Einwand ist berechtigt, weil die LXX bisher immer Gültigkeit besessen hatte, wie hier bezeugt wird.

„Lies vielmehr: erlaubten nur griechisch zu schreiben. Hierzu wird gelehrt: R. Jehuda sagte: Wenn unsere Meister auch griechisch erlaubt haben, so haben sie es nur beim Buche der Tora erlaubt, wegen des Ereignisses mit dem Könige Ptolemäus." (Megillah 9a,10).

Sie kommen dann auf die Geschichte der LXX zu sprechen, schränken aber die Erlaubnis griechisch zu schreiben (willkürlich!) auf die Thora ein. Dann aber versuchen sie, die Übersetzung ins Lächerliche zu ziehen. Es lohnt sich nicht, hierauf im Detail einzugehen.[39] Warum aber sei die Thora der LXX erlaubt gewesen? Was war ihr Nutzen?

„R. Abahu sagte im Namen R. Johanans: Die Halakha [Auslegung] ist wie R. Šimon b. Gamliél. Ferner sagte R. Johanan: Folgendes ist der Grund des R. Šimon b. Gamliél: die Schrift sagt: Schönheit schaffe Gott für Japheth and er wohne in den Zelten Šems; die Sprache Japheths sei in den Zelten Šems zu finden." (Megillah 9b,4).

Gemeint ist also die Bekehrung der Heiden, die in dem zitierten Segen Noahs an Japhet gemeint ist (Genesis 9,27). So haben die frühen Christen

---

[39] Zum Teil habe ich das in meinem dicken Buch „Das christliche Alte Testament" gemacht.

den Vers übrigens auch verstanden. Wir sehen an diesen Zitaten, wie unsicher sich die Pharisäer eigentlich in der Bewertung der LXX anfangs waren. Für die Heiden ja, vielleicht. Für uns Juden jedoch, nein. Schließlich aber kam die totale Ablehnung.

Die Folge war, dass man genügend hebräische Texte für die Synagogen generieren müsse; und die Tempelrollen gingen wohl beim Brand endgültig verloren, wie eine Überlieferung des Buches 4. Esra berichtet, welches gegen Ende des 1. Jahrhunderts gewissermaßen als „Ursprungslegende" der neuen hebräischen Bibel verfasst wurde.

Esra hat den gesamten Tanakh durch Eingebung neu geschrieben!

Das 4. Buch Esra steht unter dem Eindruck der Zerstörung des *zweiten* Tempels. Es überträgt diese aber in die Zeit der *ersten* Tempelzerstörung und die Zeit Esras. 30 Jahre sind seit der Katastrophe vergangen – legt man das auf das eigentliche Ereignis im Jahr 70 um, so muss das 4. Buch Esra um das Jahr 100 geschrieben sein.[40] Das letzte Kapitel ist für unser Thema relevant. Esra betet:

„Ich scheide jetzt, wie du mir befohlen, und will das Volk, das jetzt lebt, noch einmal unterweisen. Aber die später Geborenen, wer wird die belehren? Denn die Welt liegt in Finsternis, ihre Bewohner sind ohne Licht. Denn dein Gesetz ist verbrannt; so kennt niemand deine Taten, die du getan hast und die du noch tun willst. Wenn ich also Gnade vor dir gefunden habe, so verleihe mir den heiligen Geist, dass ich alles, was seit Anfang in der Welt geschehen ist, niederschreibe, wie es in deinem Gesetze geschrieben stand, damit die Menschen deinen Pfad finden, und damit, die das ewige Leben begehren, es gewinnen können." (4. Esra 14,19-22).

---

[40] https://www.bibelbuch.de/apokryphe-schriften/4-buch-esra/

Diese Bitte sollte ihm gewährt werden, Esra würde durch den Heiligen Geist neu inspiriert das Wort Gottes erneut schreiben.

„Da tat sich mir der Mund auf und schloss sich nicht wieder zu. Der Höchste aber gab den fünf Männern Einsicht; so schrieben sie der Reihe nach das Diktierte in Zeichen aus, die sie nicht verstanden. So saßen sie vierzig Tage: sie schrieben am Tage und aßen des Nachts ihr Brot; ich aber redete am Tage und verstummte nicht des Nachts. So wurden in den vierzig Tagen niedergeschrieben vierundneunzig Bücher.

Als aber die vierzig Tage voll waren, da sprach der Höchste zu mir also: Die vierundzwanzig Bücher, die du zuerst geschrieben, sollst du veröffentlichen, den Würdigen und Unwürdigen zum Lesen; die letzten siebenzig aber sollst du zurückhalten und nur den Weisen deines Volks übergeben. Denn in ihnen fließt der Born der Einsicht, der Quell der Weisheit, der Strom der Wissenschaft." (4. Esra 14,42-47).

Diese 24 öffentlichen Bücher sind der Schriftenbestand des heute gültigen Tanakh der Juden, jene 39 Bücher, die auch in den protestantischen Bibeln das Alte Testament ausmachen.[41] Was ist aber mit den anderen 70 Büchern? Die sind für die Weisen, sprich für die Rabbis, die in Jamnia daran gingen, die gesamte mündliche Lehre zu verschriftlichen. Eventuell könnten sich auch Vertreter der kabbalistischen Geheimlehre auf diese Stelle berufen.

Es ist nicht Gottes Art, Seine Offenbarung in Geheimlehren nur an besonders Auserwählte weiterzugeben, denn so etwas spaltet das Volk Gottes in eine „spirituelle Elite" der Eingeweihten oder Weisen und den Pöbel, den man mit der Bibel abspeist. Das ganze Volk aber soll ein königliches

---

[41] Der Unterschied in der Anzahl der Bücher liegt darin, dass etwa die 12 kleinen Propheten im MT ein einziges Buch sind, in unseren aber 12 einzelne Bücher. Auch andere Bücher sind im MT zusammengefasst.

Priestertum sein (Exodus 19,6)! Und für den Neuen Bund gilt ganz besonders:

„Und sie werden sich gewiss nicht gegenseitig belehren müssen, jeder seinen Mitbürger und jeder seinen Bruder: »Erkenne den Herrn!« Denn alle werden mich kennen, von ihrem Kleinsten bis zu ihrem Größten, denn ich werde gegen ihre Ungerechtigkeiten gnädig sein und ihrer Sünden werde ich mich nicht mehr erinnern." (Jeremia 38[31],34).

Jedenfalls leitet sich von daher die Idee ab, dass mit Esra die schriftliche Offenbarung Gottes abgeschlossen sei, und mit der Neuoffenbarung ließe sich auch trefflich argumentieren, warum der neue standardisierte hebräische Text von den älteren oder auch der LXX abweicht. Ich unterstelle das natürlich nur, weil man solche Intentionen nach so langer Zeit nicht mehr nachweisen kann. Es ist aber auffällig.

Im Talmud wird 4. Esra nicht erwähnt, aber die Rabbiner sahen sich durchaus in der Nachfolge Esras:

„In den Veränderungen der Zeit sehen sie den natürlichen Verlauf des göttlichen Plans und keinen Bruch der Geschichte. Sie sehen sich in direkter Verbindung zur von Esra abgeschriebenen, erklärten und überlieferten Tora. Wie auch Esra die Tora überarbeitete und adaptierte, taten es auch die Rabbinen."[42]

Es ist also eine naive Behauptung, die Rabbiner hätten uns eine unveränderte Bibel überliefert!

Die so oft behaupteten 400 Jahre des Schweigens Gottes zwischen Maleachi (den die rabbinischen Lehrer m.E. fälschlicherweise mit Esra gleichsetzen) und Johannes dem Täufer gründen sich letztlich einzig und allein auf

---

[42] https://de.wikipedia.org/wiki/Esra_(Person)#Babylonischer_Talmud

dieser pharisäischen Legende. Es gibt kein *biblisches* Argument für dieses Schweigen.

Eigenartigerweise wurde 4. Esra, wohl aufgrund der apokalyptischen Passagen, auch von Christen gerne gelesen und zitiert. Ich denke, sie waren sich der Intention des Textes nicht bewusst.

Die Pharisäer und die späteren Schriften

Was gehört nun in die Bibel? Die Pharisäer wollten es an der hebräischen Sprache festmachen – aber nur in aramäischer (bzw. assyrischer) Schrift. Mir erscheint das sehr willkürlich. Hat Noah hebräisch gesprochen? Oder Henoch? Manche behaupten das, aber ich denke, die semitischen Sprachen sind auch ein Ergebnis von der Sprachverwirrung nach dem Turmbau zu Babel. Und es gibt einen guten Grund dafür: Der Assyrerkönig Assurbanipal hatte im 7. Jahrhundert vor Christus eine Bibliothek in Ninive, und er rühmte sich, auch Schriftsteine aus der Zeit vor der Sintflut zu besitzen, die niemand mehr verstehe. Das sagte er selbst:

„Ich habe Einblick in die Schriftsteine aus der Zeit vor der Sintflut, die ganz und gar unverständlich sind."[43]

Wenn Hebräisch aber die Sprache war, in der Gott seit jeher mit den Seinen kommunizierte, hätte es in seinem Umfeld gewiss Gelehrte gegeben, die diese lesen und verstehen hätten können. Außerdem ist Assyrisch selbst eine semitische Sprache, und Assurbanipal konnte sich sogar durch die viel schwierigeren sumerischen Schrifttafeln durchkämpfen. Das pharisäische Kriterium für Inspiration und Autorität steht also auf tönernen Füßen.

Zudem waren sie sich grundsätzlich unsicher, was nun in die Bibel gehöre oder nicht, selbst bezüglich Schriften, die schließlich aufgenommen wur-

---

[43] https://de.wikipedia.org/wiki/Bibliothek_des_Assurbanipal#Auswirkungen

den. Das Buch Prediger (Kohelet) war umstritten, ebenso das Buch Esther. Letzteres, weil in ihren Fassungen Gott gar nicht vorkommt – in der Fassung der LXX sehr wohl. Große Berührungsängste hatten sie betreffs des Liedes der Lieder von Salomo, eine – oberflächlich betrachtet – schnulzig-erotische Liebesgeschichte, die den frommen Leser in Wallungen bringen könnte. Es war Rabbi Akiba, der durchsetzte, dass dieses Werk in den Tanakh aufgenommen wurde. Esther und Prediger fanden schließlich auch Anerkennung.

Große Diskussionen gab es über das Buch Sirach, welches im Talmud einige Male autoritativ als Heilige Schrift zitiert wird, von anderen aber abgelehnt wurde. Dieses Zitat aus dem Talmud zieht klare Grenzen und erklärt die „auswärtigen Schriften" zu Texten, die einen das Heil kosten, wenn man sie liest:

„Ganz Israel hat Anteil an der zukünftigen Welt, denn es heißt (Jesaja 60, 21): „Und dein Volk — sie sind alle Gerechte, für ewig werden sie besitzen das Land, ein Zweig meiner Pflanzungen, meiner Hände Werk, zur Verherrlichung. Folgende haben keinen Anteil an der zukünftigen Welt: Wer sagt, die Auferstehung der Toten sei nicht von der Thora herzuleiten [gemeint sind die Sadduzäer], oder, die Thora sei nicht von Gott gegeben, und ein Epikuräer. R. Akiba sagt: **Auch wer auswärtige Bücher liest** *und wer über eine Wunde flüstert und sagt (Ex. 15, 26): „Keine der Krankheiten, die ich auf Mizrajim gelegt, werde ich auf dich legen, denn ich der Ewige bin dein Arzt." Abba Saul sagt: Auch wer den Namen Gottes mit seinen Buchstaben ausspricht."* (Mishna Sanhedrin 10,2)

Der berühmte Rambam (Rabbi Moses Maimonides, 1135-1204) kommentierte dazu:

„Und sie sagten, dass "auswärtige Bücher" die Bücher derer sind, die sich irren, und so auch das Buch von Ben Sira."[44]

Die Bücher derer, die sich irren, meint die späteren Schriften, welche die Christen anerkannten. Es ging bei der Ablehnung dieser also um die Abgrenzung von den Christen. Bedenkt man, wie klar die Prophezeiung in Weisheit 2 ist, oder wie schlecht die Ältesten des Volkes in Susanna (im Buch Daniel der LXX) wegkommen, kann man sich vorstellen, dass die Pharisäer auch persönliche Motive hatten, diese Schriften abzulehnen.

Eine alternative griechische Übersetzung

Nun war die Diaspora griechischsprachig, und um die Juden dort vor den verderblichen Einflüssen der „christlichen" LXX zu schützen, fertigten sie auf Grundlage des nun neu standardisierten hebräischen Textes eine neue griechische Übersetzung an – entgegen ihrer eigenen Standards, dass der Tanakh nur in Hebräisch autoritativ sei.

Aquila, ein Schüler Rabbi Akibas, nahm sich dieser Aufgabe an und fertigte eine sperrige, extrem wörtliche Übersetzung der nun rabbinisch sanktionierten Schriften für die Juden in der Diaspora an. Das führte zu heftigen Diskussionen zwischen Juden und Christen über den wahren Text des Alten Testaments. Justin der Märtyrer sagt im Dialog mit dem Juden Trypho:

„Fürwahr, nicht schließe ich mich euren Lehrern an, welche die Richtigkeit der von den siebzig Ältesten bei dem ägyptischen König Ptolemäus gefertigten Übersetzung nicht anerkennen, sondern eine eigene Übersetzung versuchen. Ihr sollt wissen, dass sie aus der Übersetzung, welche die Ältesten bei Ptolemäus hergestellt

---

44

https://www.sefaria.org/Mishnah_Sanhedrin.10.1?ven=Sefaria_Community_Translation&lang=bi&with=Rambam&lang2=bi

haben, viele Schriftstellen vollständig entfernt haben, in denen klar bewiesen wird, dass von unserem gekreuzigten Jesus verkündet war, er sei Gott und Mensch, er werde gekreuzigt und sterbe. Da mir bekannt ist, dass alle eures Volkes jene Schriftstellen ablehnen, so lasse ich mich nicht auf Untersuchungen hierüber ein, sondern will über jene Schriftstellen diskutieren, welche bei euch noch anerkannt werden. Alle Schriftstellen nämlich, welche ich bisher euch angeführt habe, erkennt ihr an; nur bezüglich des Wortes: ,Siehe, die Jungfrau wird empfangen' habt ihr widersprochen und habt behauptet, es heiße: ,Siehe, das junge Weib wird empfangen.' Ich habe versprochen zu beweisen, dass nicht - wie ihr gelernt habt - auf Ezechias [Hiskia] die Prophetie gesagt ist, sondern auf diesen meinen Christus." (Dialog mit Trypho Kp. 71,1-3).

Damit man sich in diesem Thema nicht verzettelt und auf Nebenschauplätzen verliert, muss man sich immer vor Augen halten, worum es geht: Ob unser Herr Jesus der Messias, der Christus sei. Er ist der Stein des Anstoßes, den die Pharisäer bereits zu dessen Lebzeiten verworfen haben! Indem sie durch die Auferstehung und das rasche Wachstum der messianischen Bewegung in Bedrängnis geraten sind, und aufgrund (besonders) der LXX in Erklärungsnotstand gerieten, mussten sie sich der LXX und der dazugehörigen späteren Schriften entledigen und ihr eine eigene Bibelversion entgegenstellen. Justin wirft ihnen geradeheraus Bibelfälschung vor, und ich meine, er hat recht.

Allerdings kann man einwenden, dass es hebräische Textfassungen zu der Zeit gegeben hat, die dem heutigen MT nahestehen und von der LXX abweichen. Diese fand man zusammen mit hebräischen LXX-Vorlagen in den Höhlen von Qumran. Dennoch bedurfte es des fiktiven 4. Esra, um die neue Bibel zu beglaubigen. Unterstellen wir eine ehrliche und gute Absicht bei der Wahl der Textform, so muss ich dennoch sagen, dass sie sich darin geirrt haben und mehr von ihrer Aversion gegen das Christentum leiten ließen als von der Liebe zur Wahrheit.

Hieronymus wurde eingeseift

Bischof Damasus von Rom beauftragte den Gelehrten Hieronymus (348-420) mit einer neuen lateinischen Übersetzung der Bibel, da die bisherige „Vetus Latina" nicht mehr den Ansprüchen genügte. Er hätte es eigentlich aus der LXX übersetzen sollen und begann auch damit. Er lebte jedoch in Bethlehem und hatte guten freundschaftlichen Kontakt zu jüdischen Rabbinern in der Umgebung. Was lag also näher, als Hebräisch zu lernen und gleich aus dem „wahren hebräischen Urtext" zu übersetzen? Er war sich offenbar nicht der Diskussionen zwischen Justin und Trypho bewusst. Wahrscheinlich kannte er auch nicht den Briefwechsel zwischen Origenes und Julius Africanus im dritten Jahrhundert. Julius Africanus fragte Origenes, der gerade an der „Hexapla" (ein Vergleich von sechs verschiedenen Bibelversionen) arbeitete, wie man mit den offensichtlichen Unterschieden zwischen der LXX und dem hebräischen Text umgehen sollte. Er antwortete:

*„Du beginnst damit, dass du sagst, als ich in meiner Diskussion mit unserem Freund Bassus die Schriftstelle, die die Prophezeiung Daniels, als er noch ein junger Mann war, in der Angelegenheit der Susanna enthält, verwendet habe, habe ich dies getan, als ob es mir entgangen wäre, dass dieser Teil des Buches gefälscht ist. Du sagst, du lobst diese Stelle als elegant geschrieben, tadelst sie aber als eine modernere Komposition und Fälschung; und du fügst hinzu, dass der Fälscher zu etwas gegriffen hat, was nicht einmal Philistion, der Dramatiker, in seinen Wortspielen zwischen prinos und prisein, schinos und schisis verwendet hätte, welche Wörter, wie sie im Griechischen klingen, auf diese Weise verwendet werden können, aber nicht im Hebräischen. Als Antwort darauf muss ich dir sagen, was wir in den Fällen zu tun haben, in denen es sich nicht nur um die Geschichte der Susanna handelt, **die in jeder Kirche Christi in der griechischen Abschrift zu finden ist**, die die Griechen benutzen, die aber nicht im Hebräischen steht, oder um die beiden anderen Stellen, die Sie am Ende des Buches mit der Geschichte von*

Bel und dem Drachen erwähnen, die ebenfalls nicht in der hebräischen Abschrift
des Daniel stehen; sondern auch um Tausende anderer Stellen, die ich an vielen
Stellen fand, als ich mit meinen wenigen Kräften die hebräischen Abschriften mit
den unseren verglich." (Brief an Julius Africanus Kp. 2)[45]

Die Fragen von Julius Africanus sind berechtigt, aber allen Zweifeln steht
der einhellige Gebrauch dieser Texte in *allen* christlichen Kirchen gegenüber. Es gab aber neben der LXX noch eine andere Übersetzung in christlichen Kreisen, die die Geschichten Susanna und Bel und dem Drachen
ebenso enthält:

„Von den Abschriften in meinem Besitz, deren Lesarten ich angegeben habe, folgt
eine den Siebzig (LXX) und die andere der von Theodotion; und so wie die Ge-
schichte der Susanna, die du als Fälschung bezeichnest, in beiden zu finden ist,
zusammen mit den Abschnitten am Ende des Daniel, so geben sie auch diese Ab-
schnitte wieder, die sich, grob geschätzt, auf mehr als zweihundert Verse belaufen."
(Brief an Julius Africanus Kp. 2).

Origenes bemüht sich um intellektuelle Redlichkeit und ist in seiner For-
schungsarbeit äußerst genau. Doch bei aller menschlichen Forschung darf
der Aspekt des Glaubens nicht vergessen werden, denn uns sind natur-
gemäß nie alle Daten und Fakten zugänglich. Der Glaube bewahrt uns vor
intellektuellen Kurzschlüssen, die Gottes Wort widersprechen. In seiner
Antwort geht er viele andere Beispiel durch, wo es Unstimmigkeiten gibt.
Er gibt aber zu bedenken:

„Und wenn wir solche Dinge bemerken, **sollen wir** *sogleich die in unseren Kir-*
chen gebräuchlichen Abschriften als Fälschungen verwerfen und die Bruderschaft
auffordern, die bei ihnen vorhandenen heiligen Bücher wegzulegen und **die Juden**
zu überreden, uns Abschriften zu geben, die unverfälscht und frei von Fäl-

---

[45] Aus dem Englischen mit DeepL.com übersetzt

schungen sind? Sollen wir annehmen, dass die Vorsehung, die in den heiligen Schriften für die Erbauung aller Kirchen Christi gesorgt hat, nicht an die mit einem Preis Erkauften gedacht hat, für die Christus gestorben ist, den Gott, der die Liebe ist, nicht verschont hat, sondern ihn für uns alle dahingegeben hat, damit er uns mit ihm alles schenken kann?" (Brief an Julius Africanus Kp. 4).

Gott wacht über Seine Kirche und über Sein Wort! Darauf dürfen wir vertrauen, weshalb es unweise ist, gerade bei jenen das „unverfälschte" Wort zu suchen, die Christus verworfen haben! Doch genau das tat Hieronymus und war sich der früheren Diskussionen darüber entweder nicht bewusst, oder er hat sich einfach für klüger gehalten als alle anderen.

Es ist ein Briefwechsel zwischen Augustinus und Hieronymus erhalten, in dem letzterer leider vor Arroganz nur so strotzt. Das können wir uns hier sparen, denn es ist nicht erbaulich, das lesen zu müssen.[46]

So ließ Hieronymus sich von den Rabbis „einseifen" und glaubte wahrscheinlich wirklich daran, aus den besten Quellen die beste Übersetzung zu fertigen. Ich kann das menschlich verstehen, aber nun, da wir die Geschichte von Jamnia kennen und miteinbeziehen können, dürfen mir mit einiger Sicherheit sagen, dass der gute Hieronymus über den Tisch gezogen wurde. Von den Rabbis übernahm er auch die Skepsis gegenüber den Spätschriften, für die er (als erster) den Begriff „Apokryphen" aufbrachte, der recht anrüchig ist (das sind die „verborgenen" Schriften). Er übersetzte sie trotzdem, weil sie in allen Kirchen anerkannt waren, doch mit seiner Meinung hielt er in seinen Briefen nicht hinter dem Berg. Es passt daher gut zu seiner Haltung, dass er eine lateinische Fassung von 4. Esra der Vulgata beigefügt hat.

---

[46] In meinem Buch „Das christliche Alte Testament" habe ich einiges daraus zitiert.

Die Masoreten geben den letzten Schliff

Ab dem 8. Jahrhundert entwickelten die Juden ein ausgeklügeltes System der Qualitätssicherung bei der Abschrift der biblischen Texte. Die sogenannten „Masoreten" zählten die Buchstaben jeder Zeile, bildeten Quersummen und stellten so sicher, dass kein Buchstabe verlorengehe. Man kann das nicht rückprojizieren in biblische Zeiten, denn ganz offensichtlich fehlte meist der Frieden und die Muße, so gewissenhaft zu arbeiten. Der Befund der Textvielfalt in Qumran zeigt, dass – obwohl genau gearbeitet worden ist – die Akribie der Masoreten damals noch nicht üblich war.

Die Masoreten begannen auch, den Konsonantentext mit Vokalzeichen zu versehen, was immer nötiger wurde, da Hebräisch einfach nicht mehr Alltagssprache war und auch die Gelehrten sich bei der Aussprache nicht immer sicher waren. Es gibt dabei vier verschiedene Schulen, die sich in der Vokal- und Akzentsetzung zum Teil unterscheiden:

- Aus Tiberias die Schulen von Ben Asher und Ben Naftali.
- Aus Babylon
- Die Aschkenasische Schule

Da aber die Vokale erheblich den Sinn beeinflussen, kann man auch hier nicht sagen, der Text sei nun endgültig gesichert und eindeutig. Wir können die Wichtigkeit der Übersetzung der LXX um 250 v.Chr. daher kaum überschätzen, da Hebräisch damals noch lebte und viele Unsicherheiten des Mittelalters damals nicht bestanden.

Außerdem – und da sind die Masoreten sehr ehrlich – geben sie in Anmerkungen an, wo der Text unsicher ist, oder wo man entgegen der Vokalisierung besser etwas anderes lesen sollte. Ein Beispiel für einen sehr unklar gewordenen Text möchte ich geben:

„Und Jahwe sprach zu Kain: Warum bist du ergrimmt, und warum hat sich dein Antlitz gesenkt? Ist es nicht so, dass es sich erhebt, wenn du wohl tust? Und wenn du nicht wohl tust, so lagert die Sünde vor der Tür. Und nach dir wird sein Verlangen sein, du aber wirst über ihn herrschen." (Genesis 4,6-7).

Diese Bibelübersetzung (Elberfelder 1905) ist sehr genau, wirft aber Fragen auf: Warum ändert sich das Geschlecht? *Die* Sünde lagert vor der Tür, nach dir wird *sein* Verlangen sein, du aber wirst über *ihn* herrschen. Das scheint keinen Sinn zu machen. Darum schummeln sich andere Übersetzungen durch, so auch die beliebte Schlachter 2000:

"So lauert die Sünde vor der Tür, und ihr Verlangen ist auf dich gerichtet; du aber sollst über sie herrschen!" (Genesis 4,7).

Das macht Sinn, damit kann man etwas anfangen, das ergibt eine schöne Predigt – aber es steht eben nicht so im hebräischen Text. Darum kann man in Fußnoten lesen, der hebräische Text sei an dieser Stelle verdorben. In der LXX liest er sich ganz anders und macht auch deutlich mehr Sinn:

„Und Gott der Herr sprach zu Kain: Warum wurdest du so übermäßig betrübt und warum fiel dein Angesicht ein? Nicht wahr, wenn man richtig darbringt, aber nicht richtig teilt, sündigt man doch? Beruhige dich! Zu dir ist seine Hinwendung und du wirst über ihn herrschen." (Genesis 4,6-7).

Wir verstehen hier einerseits, warum Gott Kains Opfer nicht angenommen hat: Er hat nämlich nicht mit seinem Bruder geteilt; das Opfer an sich wäre in Ordnung gewesen, sein Verhalten gegenüber Abel war es nicht! Zweitens will Gott Kain beruhigen, dass dies nichts mit seiner Stellung als Erstgeborener in der Familie zu tun hat. Abel wird sich ihm zuwenden, und Kain werde weiterhin die Vorrangstellung haben.

Im MT ist diese Stelle aber unverständlich geworden. Darum: So bewundernswert die Hingabe und Genauigkeit der Masoreten ist, sie haben lediglich einen bereits mangelhaften Text mit äußerster Präzision überliefert.

Die Reformation

Die Reformation fand in der Renaissance statt, einer Zeit, in der man die antike Welt wiederentdeckt hat und in Kunst und Wissenschaft daran anknüpfen wollte. *„Ad fontes!"* lautete die Devise: *„Zurück zu den Quellen!"* Darum war es damals eine akademische Ehrensache, die Bibelübersetzung aus den verfügbaren hebräischen (Altes Testament) und griechischen Texten (Neues Testament) zu machen.

Was das Alte Testament betraf, stand nur der bereits standardisierte MT zur Verfügung. Darum kann man es ihnen nicht verübeln, dass sie in ihren Bibelübersetzungen davon ausgingen. Sie haben auch die Spätschriften übersetzt.

Weil sich Martin Luther aber in den Leipziger Disputationen 1519 mit Dr. Johannes Eck aus Ingolstadt ins Eck gedrängt fühlte, als es um das Fegefeuer ging, sprach der Reformator den Spätschriften die Autorität ab. Dr. Eck berief sich nämlich auf die Makkabäerbücher.

„Bei der Diskussion über das Fegefeuer unterschied Luther erstmals zwischen kanonischen biblischen Büchern und Apokryphen; das Fegefeuer wurde nämlich mit der Belegstelle 2 Makk 12,45 LUT begründet. Luther vertrat hier die Ansicht, dass nicht alle biblischen Sätze gleich wichtig seien, sondern in ihrer Bedeutung von der Mitte der Schrift her gewichtet werden sollten. Er lehnte es ab, Lehrartikel aus den Apokryphen zu begründen. Eck erwiderte, dass die Makkabäerbücher zwar nicht zum hebräischen Kanon gehörten, aber die Kirche habe sie in ihren Kanon

aufgenommen. Luther hielt dagegen, dass die Kirche keinem Buch mehr Autorität verleihen könne, als dieses von sich aus besitze."[47]

Um seinen Standpunkt aufrecht erhalten zu können, eignete er sich schließlich die Argumente des Hieronymus an und inkludierte die Spätschriften in seiner Bibel mit dem Hinweis:

„Apocrypha. Das sind Bücher: so nicht der heiligen Schrift gleich gehalten: und doch nützlich und gut zu lesen sind."[48]

So blieben sie in der protestantischen Bibel als eigener Abschnitt zwischen dem Alten und dem Neuen Testament eingebettet und wurden von vielen – trotz der Vorbehalte Luthers – stets mit großem Gewinn gelesen. Bis es zum Apokryphenstreit kam.

Kein Schottenwitz: der Apokryphenstreit

Schotten sind in Witzen und Anekdoten für ihren Geiz und ihre Sparsamkeit berüchtigt, darum heißt Dagobert Duck im Original Scrooge McDuck und spricht mit markantem schottischen Akzent.

Im Zuge der protestantischen Missionsarbeit entstanden die Bibelgesellschaften, die in großen Mengen Bibeln unter das Volk brachten, sehr zum Missfallen der katholischen Kirche, die sich 1824 klar dagegen aussprach. Das führte zu neuen antikatholischen Reaktionen. Man begann, Bibelausgaben, welche die „Apokryphen" enthielten, als katholisch zu brandmarken und nur mehr solche zu drucken, die frei von diesen „Kontaminationen" seien.

„Die totale Ablehnung der Apokryphen stammte aus der schottisch-puritanischen Tradition. Schon 1648 hatte die Westminster Confession bezüglich der alttesta-

---

[47] https://de.wikipedia.org/wiki/Leipziger_Disputation#Autorität_der_Bibel
[48] https://www.die-bibel.de/luther-und-die-apokryphen

mentlichen Apokryphen erklärt: „…. of no authority in the Church of God, nor to be otherwise approved, or made use of, than other human writings" – [sie seien] „ohne Autorität in der Kirche Gottes, auch nicht anders anerkannt oder gebraucht als andere menschliche Schriften". Aus dieser Tradition kamen nun zum großen Teil nicht nur die Gründer, sondern auch die Geldgeber der BFBS [British and Foreign Bible Society]. Es waren einerseits die Dissenters, die Nonconformists, andererseits aber auch vor allem jene Kreise der Church of England, die wir als Evangelikale bezeichnen würden."[49]

Auch die Geldgeber machten Druck auf die Entfernung der Apokryphen. Scrooge McDuck sah Einsparungspotenzial! Nach anfänglichen Widerständen der kontinentaleuropäischen Lutheraner setzte sich der Schottische Vorstoß jedoch durch.

Um das besser argumentieren zu können, wurden seither die Apokryphen gezielt schlechtgeredet! Keine Rede mehr davon, dass diese *„gut und nützlich zu lesen"* seien; sie sind katholisch und damit gefährlich, häretisch und abzulehnen. So sehen es die meisten Protestanten heute. Es herrscht ein vergiftetes Klima rund um die Spätschriften.

---

[49] https://de.wikipedia.org/wiki/Apokryphenstreit

Was nun?

Es klingt, als ob die LXX einer böswilligen Verschwörung zum Opfer gefallen wäre, wäre all das mittlerweile nicht so gut belegt und nachvollziehbar. Andererseits sind wir heute in einer weit besseren Lage, die Frage nach dem besseren Grundtext für das Alte Testament zu beantworten als Luther, Hieronymus oder selbst Origenes. Origenes' Vertrauen in die Vorsehung Gottes hat sich bestätigt, und wir haben heute die Texte wieder vor uns liegen, welchen die frühe Kirche vertraute, welche der Herr und Seine Apostel gebrauchten, welche von den Juden selbst bis 70 n.Chr. als gültig angesehen wurden.

Seit 2009 gibt es auch eine sehr gründliche, wissenschaftliche Übersetzung der LXX ins Deutsche. Sie mag da und dort sperrig sein, aber sie bietet eine Fülle an Fußnoten und Erklärungen, auch wenn ihre Einleitungen – was die Entstehungszeit der Texte und die Bewertung der Unterschiede betrifft – eher bibelkritisch sind. Darüber mag man gerne hinweglesen. Es gibt auch gute englische Übersetzungen, und viele Computer- oder Onlinebibeln bieten eine LXX-Version an.

Wir gebrauchen sie in unserer Gemeinde mittlerweile seit mehr als fünf Jahren mit großer Freude, auch die späteren Schriften lesen wir mit Gewinn und manchmal gibt es auch eine Predigt daraus.

Ist die LXX ein vollkommener Bibeltext? Nein. Das ist der MT aber noch viel weniger. Die LXX ist deutlich besser, ursprünglicher und messianischer als der MT, doch auch sie hat über Jahrhunderte des händischen Abschreibens Fehler gesammelt, die durch das Vergleichen der Handschriften zum großen Teil geklärt werden können. Daran arbeiten die Textforscher, wie auch am hebräischen Text laufend Textforscher arbeiten. Deren Fleiß und Ausdauer bereiten die Grundlagen für zuverlässige und gute Bibelübersetzungen.

Was sollen wir mit dem MT tun? Auch lesen. Er ist nicht so gut wie die LXX, aber jeder griechische Begriff in der LXX geht auf einen hebräischen zurück, den man kennen sollte, um den griechischen genauer zu verstehen. Es gibt auch ein paar Übersetzungsfehler, die nichts mit der Vorlage zu tun haben, sondern eben passieren. Das kann und soll man vergleichen und sich ein Urteil bilden. Die Unterschiede zwischen den beiden Texten sind allerdings auch nicht so, dass der eine vom Heiligen Geist und der andere vom Teufel ist. Es sind verschiedene Ergebnisse der frommen und bemühten Bewahrung der ursprünglichen Offenbarung von Gott. Einzig die Motivation und Herzenshaltung der Pharisäer stelle ich aus gutem Grund in Frage. Zu weit über 90% stimmen sie jedoch überein, und es gilt für beide Versionen, was Paulus an Timotheus schrieb:

„Alle Schrift ist von Gott eingegeben und nützlich zur Belehrung, zur Überführung, zur Zurechtweisung, zur Erziehung in der Gerechtigkeit, damit der Mensch Gottes ganz zubereitet sei, zu jedem guten Werk völlig ausgerüstet." (2. Timotheus 3,16-17).

Darum geht es. Die LXX bietet zwar einen deutlich besseren Text als der MT, und darum ist er klar zu bevorzugen, aber der Heilige Geist ist es, der das bessere Leben in uns bewirkt. Diskussionen wie das hier behandelte Thema, haben nicht das Ziel Recht zu behalten, sondern Christus zu erkennen, zu lieben und zu dienen.

Ihm sei alle Ehre und uns der Segen!

Amen.